WEGE ZUM RAUM

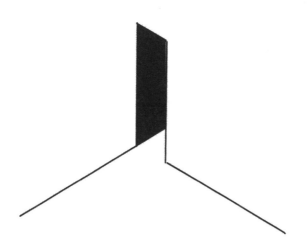

5 Laboratorium

WEGE ZUM RAUM

KONSTRUKTIVE DENKWEISEN
IN DER ARCHITEKTURAUSBILDUNG

QUART

Hochschule Luzern – Technik & Architektur
Johannes Käferstein, Damaris Baumann

VORWORT
WENN VOM RAUM ERZÄHLT WIRD

Die vorliegende Publikation führt die erfolgreiche Reihe *Laboratorium* des Instituts für Architektur (IAR) der Hochschule Luzern, Technik & Architektur mit dem nunmehr fünften Band fort. Als Architektinnen und Architekten befassen wir uns im Kern unserer Tätigkeit mit dem Raum – wir erdenken, beschreiben, diskutieren und in letzter Konsequenz erschaffen wir Raum. Doch sind das Verständnis und die Übereinkunft zum Begriff des Raums und dessen physikalischen und phänomenologischen Eigenschaften durchaus polyvalent. Nichtsdestotrotz sollte sich unser Berufsstand einig sein, dass unsere berufliche Verantwortung den gebauten sowie den nicht gebauten Raum umfasst und neben einem sozialen Engagement der Verbesserung unserer Lebensqualität verpflichtet ist.[2]

Das Verfolgen dieser fundamentalen Ziele hängt stark vom jeweiligen Kontext und den Beteiligten ab. Die Architekturschulen müssen hierfür eine eigene Haltung einnehmen, Positionen beziehen und ihre Leitidee in Bezug auf die Realitäten der Berufspraxis setzen – etwa zur Spezialisierung von Aufgabenbereichen, zur Globalisierung des Baumarktes und zum sich immer wieder wandelnden Bauherrenverständnis. All diese Faktoren prägen die Rahmenbedingungen im Beruf. Die Architekturausbildung muss dieses Spannungsfeld einerseits im Curriculum abbilden, andererseits ständig hinterfragen und aktualisieren sowie seine Grenzen ausloten. Im Entwurfsunterricht, der einen zentralen Teil der Architekturausbildung ausmacht, wird das Spannungsfeld zwischen dem Ideal, wie in der UNESCO-Charta formuliert, und der Realität der Berufspraxis besonders deutlich.[3]

Wie sollen wir nun als Lehrende der Architektur unseren Studierenden das Geheimnis des *spatium* vermitteln? Mit dieser Frage beschäftigen wir uns am IAR seit nunmehr einigen Jahren mit grosser Intensität, indem wir laufend unser Ausbildungscurriculum auf Grund der in der Lehre gemachten Erfahrungen weiterentwickeln und als flach organisiertes Team untereinander in engem Austausch stehen. Ausserdem führen wir über das internationale *Symposium zu Architekturpädagogiken – «Lucerne Talks»* mit unseren Kolleginnen und Kollegen anderer Hochschulen einen engagierten Diskurs.

Mit dem fünften Band von *Laboratorium, Wege zum Raum – Konstruktive Denkweisen in der Architekturausbildung* versuchen wir nun, unseren Studierenden die Komplexität, Vielschichtigkeit und Schönheit unseres Berufs sowie unsere Auseinandersetzung mit den Phänomenen des Raums als Lehrende und als praktizierende Architektinnen und Architekten in kurzen Essays näherzubringen. Der Aufruf ging an die Assistentinnen und Assistenten, wissenschaftlichen Mitarbeitenden, Forschenden, Dozentinnen und Dozenten des Instituts für Architektur mit dem ausdrücklichen Wunsch, persönliche und durchaus divergente Standpunkte zu vertreten. Diese Publikation möchte unsere aktuellen wie auch zukünftigen Studierenden ansprechen und soll im Unterricht Verwendung finden. Ich bin überzeugt, dass die Aufsätze in einem breiteren Rahmen ebenfalls auf Interesse stossen werden.

Johannes Käferstein

«Wovon man nicht sprechen kann, darüber muss man schweigen.»[1]

1
Ludwig Wittgenstein, *Tractatus logico-philosophicus*, London 1922.

2
UIA/UNESCO-Charta für die Ausbildung von Architekten 2011.

3
Symposium für Architekturpädagogiken: Was sollen Studierende nach dem Architekturstudium können? IAR, Heike Biechteler, 2016.

←
28. November 2018, 10.26 Uhr, Katsura Rikyū (Katsura-Villa) Nishikyo-Ku, Kyoto-Shi, Japan.

TEACH ME TEACH ME ARCHITECTURE

ALBERTO ALESSI

«Des Architekten Wissen umfaßt mehrfache wissen-
schaftliche und mannigfaltige elementare Kenntnisse.
Seiner Prüfung und Beurteilung unterliegen alle
Werke, die von den übrigen Künsten geschaffen werden.
Dieses [Wissen] erwächst aus fabrica (Handwerk)
und ratiocinatio (geistiger Arbeit).»[1]

BILDUNG ALS BINDUNG

Architektur kann nicht ausserhalb eines gesellschaftlichen, kulturellen und
sprachlichen Systems gedacht werden. Dieses System ist aber komplex und vielfältig. Ich verstehe Architektur als ein offenes, interdisziplinäres Arbeitsfeld, das
mehrere Sichtweisen braucht sowie Wissen und Emotionen räumlich verkörpert. Eine Architektur muss physisch erlebt werden: Wie kann dies während
einer Vorlesung an der Schule oder Online erfolgen? Die Spezifität des Architekturunterrichts versus Entwerfen und Bauen im Kontext ist gerade die Verschiebung und Übersetzung der räumlichen Erfahrung. Für die Architekturlehre
ist die räumliche Dimension des Unterrichts immer wichtig, auch in Theorie-
modulen. «Auch in der digitalen Welt wird der Präsenzunterricht weiterhin den
Schlüssel zum didaktischen Erfolg bilden, soll jedoch einen noch höheren Praxisbezug und somit die unbedingte Möglichkeit des Ausprobierens, Testens oder
Übens beibehalten.»[2] Was können aber Wörter und Bilder oder auch neue digitale Medien zur Architektur vermitteln respektive beitragen? Die Didaktik

Giotto di Bondone (1267–1337),
*Die Ausgiessung des Heiligen
Geistes*, Fresko, Padua,
Arenakapelle (Cappella degli
Scrovegni).

1
Vitruv, *Zehn Bücher über Architektur*,
Kap. I, 1, zit. nach Vitruv, *Zehn
Bücher über Architektur*, lateinisch
und deutsch, übersetzt und mit An-
merkungen versehen von Curt
Fensterbusch, Darmstadt 2013, S. 23.

2
Daniel Herzog, 2020. laufenburg-
erwoche.ch/news/die_digitalisie-
rung_wird_auch_die_weiterbil-
dungsbranche_umkrempeln/
200121.

←
Team X meeting, Spoleto 1976:
Jaap Bakema, Giancarlo de Carlo,
José Coderich und seine beiden
Söhne, Aldo van Eyck, Amancio
Guedes, Brian Richards, Alison
Smithson, Peter Smithson.

muss die eigene Position und die Fähigkeit zum Dialogisieren unterstützen sowie Individualisierung und Austausch verlangen. So wird Bildung gleich Bindung, sie beinhaltet digitale oder haptische Erfahrungen, sowie Sinn und Sinnlichkeit. Es geht um Lernprozesse durch Lerninhalte; nicht nur das Wie, sondern auch das Was ist relevant – und umgekehrt. Im Unterricht wird die Frage des Raumes mit derjenigen der Zeit kombiniert. Wenn eine Vorlesung überrascht, schafft sie Raum, weil die Entdeckungen und Emotionen mit dem Moment und dem Ort verbunden werden. Die Qualität des Unterrichts besteht darin, Techniken und Kulturen in Beziehung zu setzen. Eine Beziehung, die heute notwendigerweise inter-, trans- und multidisziplinär ist. Eine funktionale, technische, formale, kulturelle, soziale Analyse des Digitalen, des Alltags, des Pragmatischen, des Theoretischen, des Geschichtlichen. Die Kenntnis der Geschichte dient nicht dazu, dieselben Fehler nicht wieder zu begehen, sondern zu wissen, dass andere diesen vor uns begegnet sind; es geht primär um Kenntnis anderen Wissens und nicht um historische Epochen. Die Theorie übernimmt dabei eine Hilfsrolle. Sie sollte im Projekt nicht passiv und buchstäblich übersetzt werden, sondern vielmehr dazu dienen, das Projekt zu erweitern. Die Theorie erlaubt die Entwicklung eines nichtangewandten Projekts, einer kritischen Lesart ausserhalb von sich selbst... Um das Selbst zu finden.

QUESTIONS & ACTIONS. ARCHITEKTURVERMITTLUNG ALS ARCHITEKTUR

Das Lehren von Architektur ist keine reine Abstraktion und auch keine angewandte Instruktion. Architekturlehre bewegt sich immer zwischen absoluten Positionen und relativen Beziehungen. Im Folgenden finden sich einige Programme sowie die entsprechenden Aufgaben aus den letzten Jahren meines Architekturunterrichts. Die Fragestellungen wurden in Vorlesungen, Besichtigungen, Workshops im Rahmen von kleinen Studierendengruppen behandelt, was den Austausch zwischen verschiedenen Kulturen, Erfahrungen, Intentionen, Erwartungen ermöglichte.
Die folgenden Fragestellungen (Themen) und Aktionen (Aufgaben) sind eine Auswahl aus verschiedenen Lehrerfahrungen seit 2007 an der Hochschule Luzern (Basisvorlesungen BL, Konzeption Denk/Werk KDW, Architekturszene AS) sowie an der Universität Liechtenstein (Architekturgeschichte AG, Architekturtheorie AT, Building Cultures BC).

Q. Perspectives. Collecting Thougths on Space. The making of an anthology (BL)

Die Vorlesungsreihe führt in zeitgenössische Architekturtheorie und Architekturkritik ein und diskutiert diese, wodurch den Studierenden entscheidendes Wissen vermittelt wird, damit sie ihr eigenes Handeln und ihre Entwürfe in einen historischen, kulturellen und gesellschaftlichen Kontext stellen können. Der Kurs basiert auf Fallbeispielen aus Anthologien und der Lektüre von zentralen theoretischen und kritischen Texten zu Architektur, wird in einer offenen kulturellen Reflexion entwickelt und widmet sich dem Verständnis von Theorien und kritischen Interpretationen als Entwurfsmittel, wodurch die Studierenden in die Lage versetzt werden sollen, über Tendenzen, Trends und Ereignisse hinweg zu denken und sich als selbstbewusste Architekten in der Gesellschaft von heute zu positionieren.

A. An Anthology on …

Jede Kultur hat ihre Theorien, jede Theorie geht über ihre ursprüngliche Kultur hinaus (ja, nein, aber, …): Definieren Sie ein Thema, das Sie als relevant/zentral/ signifikativ für den zeitgenössischen Diskurs erachten, und stellen Sie dieses anhand von zehn relevanten Texten vor.

Q. More is never enough. Die Idee von morgen. Programme und Träume für eine künftige bessere Welt (BL)

Sei realistisch, verlange das Unmögliche. Während der Studentenrevolten von Mai 1968 wurden viele Ideen und Visionen für eine künftige Gesellschaft kundgetan. Was sind heute, mehr als 50 Jahre später, unsere Zukunftsträume? Wie werden unsere Gesellschaft und unsere Welt in 50 Jahren aussehen? Sich ein Morgen vorzustellen, ist nichts Neues. Von Platos *Der Staat* über Thomas Morus' *Utopia* bis hin zu William Morris' *News from Nowhere* (*Kunde vom Nirgendwo*), Bruno Tauts *Alpine Architektur*, Archigrams *Walking City* oder Constants *New Babylon* beginnen alle Visionen einer Zukunftsgesellschaft immer mit einer Definition der gebauten Umwelt. In gewisser Weise ist jeder Architekturentwurf eine Utopie, der eine mögliche Zukunft vorschlägt. Dieser Kurs untersucht verschiedene Wege, wie eine künftige Gesellschaft durch architektonische Ziele, Programme und Manifeste definiert werden kann, indem man ihre Analogien und Gegensätze, ihre Zweckmässigkeit und Widersprüche analysiert. Und versucht, neue zu unterbreiten. Im Verständnis von Architektur als allgemeiner kultureller Diskurs sind die Studierenden dazu angehalten, sich in ihrem Denken über Tendenzen, Trends und Ereignisse hinwegzusetzen und sich als selbstbewusste Entwerfer einer gemeinen Gesellschaft von morgen zu etablieren.

Team X Meeting, Abbaye de Royaumont, Asnières sur Oise (Frankreich), 1962. Blick auf die Teilnehmer auf dem Gelände während einer Pause.

Team X Meeting in Aldo und Hanne van Eycks Garten, Loenen ad Vecht, 1974. Sandra Lousada stehend.

A. Die Idee von morgen

Was waren/sind/werden Ziel, Rolle und Mittel der Architektur sein? Wählen Sie fünf Exzerpte aus Architekturtexten aus, die eine Zukunftsvision entwerfen, und kommentieren Sie diese. Wählen Sie fünf Architekturen aus, die eine Zukunftsvision verkörpern, und kommentieren Sie diese. Erstellen Sie ein Manifest mit Ihrer eigenen Vision für eine gemeinsame Zukunft der Architektur, das an der HSLU öffentlich vorgestellt werden soll.

Q. RE_MIND, RE_MAKE, RE_MIX. Die intentionalen Wurzeln der Architektur (BL)

Jedes Gebäude, selbst das innovativste, wird als Überlagerung eines Ortes, als Adaption einer Topografie, als Veränderung einer bestehenden Räumlichkeit, als Ergebnis kultureller Einflüsse begriffen. Architekturen sind immer Ergänzungen von etwas, die Tabula rasa bleibt eine faszinierende Metapher. Architekten greifen in vorgegebene Situationen ein, die Notwendigkeit wird von Geografie und Bedeutungen begleitet. Von Anfang an werden die Geschichte und Theorie der Architektur von Gebäuden geprägt, die sich nur bis in unsere Zeit erhalten haben, weil sie ständig verändert, umgestaltet und bevölkert wurden: Das Marcellustheater in Rom wurde jahrhundertelang als Wohnstatt genutzt, der Athenatempel in Syrakus wurde in eine Kathedrale verwandelt, und viele mittelalterliche, Renaissance- und Barockgebäude beherbergen neue Schulen, Ämter, Museen. Architektonische Ergebnisse sind lebendig und unvollendet und darum für alle zugänglich und erneuerbar. Das Gleiche geschieht mit Gründen, Glauben und Hoffnungen jenseits von diesen. Im Kurs geht es um das Verständnis von Spezifitäten und Einflüssen zwischen individueller Poetik, kollektiven Strukturen und vorgegebenen Plätzen unter Anwendung von Theorien und kritischen Interpretationen als Entwurfsmittel.

A. Wahlverwandtschaften

Reflektieren Sie über Erneuerungsfragen in der Architektur durch persönliche Stellungnahme, Diskussionen und Interpretation von Architekturtheorien und -konstruktionen. Die Konklusionen können während des gesamten Semesters überdacht werden. Die Gruppen sollen die verschiedenen Erfahrungen, Intentionen und Erwartungen vereinen. Die folgenden Produkte sollen in einer Gruppenarbeit angefertigt werden:
– eine Abhandlung, die Ihre eigenen Definitionen von Erneuerung widerspiegelt, indem Sie ein Beispiel aussuchen, das Ihrer Meinung nach adäquat Ihre Position veranschaulicht,
– ein Plakat, das die Essenz Ihrer Untersuchung darstellt,
– ein Video, das Ihre Interpretation der drei Begriffe und des gewählten Beispiels wiederaufgreift.

Q. Sensational Building. Interaktionen mit Architektur (BL)

Solide Befunde, sinnlicher Ausdruck, kulturelle Präsenz, individuelle Emotionen und gesunder Menschenverstand: Wie interagieren wir mit Architektur? Was ist ihre Spezifität? Was sind ihre Grenzen? Welche konkrete Konsistenz bestimmt oder sollte Architektur charakterisieren? Welche Kontinuitäten und Diskrepanzen kann man zwischen einem Gebäude, einer Skulptur, einer Figur, einer Emotion oder einer Idee finden? Was sagt Architektur aus? Wofür steht sie? Was machen wir mit ihr? Im Kurs werden die komplexen Aspekte und fruchtbaren Auswirkungen dieser Fragestellungen untersucht. Analogien und Widersprüche zwischen Theorien, Ideologien und Wissen sowie Berührungspunkte und Gegensätze zu anderen Disziplinen werden diskutiert und vertieft, um sie auf mehreren Wissensebenen zu verknüpfen.

Die Architektur und mein Körper:

Metapher	Knochen	Fleisch	Haut + Gefühlsunterschiede
	Struktur	Material	Energie + Form/Funktion
Sinne	Sehen, Hören, Riechen, Berühren (Wärme, Druck, Schmerz), Schmecken, Gleichgewicht, …		
Kultur	Ort, Volumen, Fassade, Boden, Wand, Tür, Fenster, Dach, …		

A. I feel good

Wählen Sie ein Gebäude aus, das Sie besichtigen und betreten möchten. Erleben Sie diese Architektur: Gehen Sie hin, verweilen Sie dort und kommen Sie zurück. Schreiben Sie einen Text als gefühlsbedingte Schilderung; fertigen Sie eine Zeichnung als intentionale Darstellung an; komponieren Sie eine Fotomontage als stille Interpretation; zeichnen Sie ein Video als dynamische Erfahrung auf; sammeln Sie eine Anthologie als theoretischen Hintergrund.

A. We feel good

Infolge der aussergewöhnlichen Dynamik und unsicheren Situation der Pandemie 2020 bedarf es Veränderungen. Neue Erfahrungen von sozialer Distanz und Lernen von zuhause betreffen jeden direkt und zeigen, wie sehr physische Präsenz für die Qualität des Alltags relevant ist. Die einzigartige Dimension von Architektur kann in vollem Umfang nur aus der Nähe erfahren werden. Diese wird das neue Objekt/Subjekt von Reflexion und Handeln. Durch das Arbeiten in Gruppen, jedoch gleichzeitig physisch getrennt, haben die Studierenden die Gelegenheit, über den Ort, den sie gegenwärtig bewohnen, wie auch über die Wohnungen aller anderen Gruppenmitglieder nachzudenken und auf diesen beziehungsweise diese zu reagieren. Die Arbeit ist in drei Schritte unterteilt:

1. Mein Wohnort: Jeder Student beschreibt sein Zuhause und bekundet und erklärt dabei seine Gefühle und seine Erkenntnis in einer Mehrfachdokumentation.
2. Der Wohnort anderer: Diese Dokumentationen routieren digital unter den Mitgliedern der Gruppe. Jede Studentin und jeder Student versucht, die Wohnstätten anderer Kollegen zu erfassen, zu interpretieren und zu verstehen, und

legt ihnen mögliche Verbindungen zu architekturtheoretischen Reflexionen nahe.
3. Unsere Wohnorte: Alle Gruppenmitglieder teilen ihre persönlichen Reflexionen,
um eine gemeinsame Grundlage unter ihren Wohnstätten, ihren Bedeutungen
und ihren Präsenzen zu definieren und zu veranschaulichen.

Q. Die Erleuchtung des Raumes (KDW)
Im Zentrum der Architekturfragen steht die Reflexion über den Raum und
die Architektur als Raum: Definitionen zu Raum, Bedeutung des Raumes,
Raumwahrnehmung und räumliches Entwerfen. Was sind Raumdimensionen,
Raumprojektionen, Raumerlebnisse? Welche Raumerwartungen hat man als
Mensch? Welche Raumereignisse sind möglich? Welche Elemente stehen dem
Menschen für die Raumgestaltung zur Verfügung?
A. Thesen
Es sollen fünf Thesen zu Raum pro Gruppe präsentiert werden, davon drei aus
der Literatur und zwei aus der Gruppendiskussion. Jede These soll anhand von
Texten, kulturellen Beispielen und architektonischen Referenzen argumentiert
werden. Die Schlusspräsentation kann als räumliche Performance oder Installa-
tion geplant werden.

Q. Was passiert? Warum? (AS)
Was heisst «schweizerisch» in der Architektur? Ist es eine Frage des Wer, des
Wie oder des Wo? Ist die Elbphilharmonie in Hamburg von Herzog & DeMeuron
eine schweizerische Architektur? Und das Bündner Kunstmuseum in Chur von
Estudio Barozzi Veiga? Ja, nein, warum? Was heisst es heute, eine Position als
Architekt zu haben? Welche Rolle spielen der Kontext, die Konventionen, die
Intentionen des Auftraggebers für die Architektur? Wie wird Architektur in den
Medien vermittelt? Was charakterisiert die Architekturpublikationen, die Architekturzeitschriften und die Architekturwebseiten? Was unterscheidet sie voneinander? Welches Publikum will man erreichen? Durch Inputs und Gastvorle-
sungen, Ausstellungsbesuche, Bürobesuche und Architekturexkursionen werden
die disziplinären und interdisziplinären Aspekte dieser Fragen erforscht und vermittelt. Analogien und Widersprüche zwischen Theorien, Ideologien und Wissen
wie auch Berührungspunkte mit anderen Umfeldern (Bildende Kunst, Film, Soziologie, Philosophie, Wissenschaft) werden diskutiert und vertieft, um sie gleichzeitig mit mehreren Ebenen und Kenntnissen in Verbindung zu bringen. Die
Architektur wird somit als Teil des gesamten kulturellen Diskurses erlebbar.
Architekturtheorien und Praxis stehen durchgehend im Dialog, sie bewegen sich
zwischen absoluten Positionen und relativen Verhältnissen.

A. Positionen & Vermittlungen. Architekturzeitschriften

Welche architektonischen Eigenschaften lassen sich mit einer Zeitschrift gut kommunizieren? Erstellen Sie einen Vergleich von vier Architekturzeitschriften:

Verleger	privat, öffentlich, marktorientiert, Branchenwerbung, …
Struktur	Seitenanzahl, Auflage, Ausgaben/Jahr, Verhältnisse – Werbung/Artikel, …
Sprache	eine oder mehrere Sprachen, welche, …
Redaktion	Autoren (interne, externe), …
Zielpublikum	Fachzeitschrift, Laien, interdisziplinär, Preis, …
Themen	monothematisch generalistisch, realisierte Bauten, Projekte, …
Informationen	Aktualität, langfristige Grundfragen, …
Grafik	Layout, Design, Format, Druckqualität
Präsentation	Texte, Bilder (Zeichnungen, Renderings, Fotos), Details, …
Specials	…

A. Positionen & Vermittlungen. Architekturwebseiten

Welche architektonischen Eigenschaften lassen sich mit einer Webseite gut kommunizieren? Vergleich von vier Architekturwebseiten nach:

Struktur	aufmachen, surfen, downloaden, …
Autor	privat, institutionell, unabhängig, …
Zielpublikum	disziplinär, interdisziplinär, …
Themen	allgemein, spezifisch, …
Informationen	individuell, kollektiv, aktuell, …
Grafik	Lesbarkeit, Überraschung, …
Specials	…

Q. Epochen, Orte, Beispiele (AG)

Eine Idee? Eine Strategie? Ein Paradigmenwechsel? Wie konfrontiert man sich entwerferisch mit der Geschichte und der Theorie der Architektur? Die Veranstaltungsreihe untersucht die Definition, die Bedeutung und die Ereignisse der Architektur in den unterschiedlichen Epochen und Kulturen. Von den Anfängen bis zur Gegenwart werden Beispiele historisch kontextualisiert, thematisiert und gleichzeitig als «durchgehend gültige» Werkzeuge verstanden.

Was: Architektur: Definitionen, Begriffe, Theorien, Fragen
Warum: Funktion und Typus
Wie: Tektonik, Konstruktion, Form und Material
Wo und Wann: Objekt und Kontext
Der architektonische Raum

Architekturstudenten im Streik,
Oslo, 1930.

Not Vital, *Makaranta*, 2003,
Schlamm, Stroh und Dung,
Höhe 6,5 Meter.

A. Architektur geschieht jeden Tag überall. Der Stammbaum der Architektur
Es sieht aus wie …, weil … Nehmen Sie die Wurzeln und Themen der modernen Architektur in der Architektur der Vergangenheit (Geschichte) wahr: Beispiel – historische Referenzen – Beschreibung – Kontext (Periode, Lage, Ideen) – Warum (Verhältnisse), Funktion, Typus, Tektonik (Gliederung, Symbolik, Bedeutung, …), Konstruktion (Technik, Technologie), Form (Symmetrie, Freiheit, …), Material, Raum (Grösse, Geometrie, Atmosphäre, …), …

Q. Zeitgeist. Architektur und die Anderen, z.B. (AG)
Jede Epoche hat ihre Themen, ihre Prioritäten, ihre Notwendigkeiten, ihre Sprachen. Gesellschaft, Politik, Wirtschaft, Technologie, Kunst, Architektur: Welche Verhältnisse kann man zwischen diesen Aspekten einer kulturellen Periode lesen? Welche Geschichten, Theorien, Situationen, Möglichkeiten haben die Architekturen einer bestimmten Epoche geprägt? Welche inhaltliche Kohärenz sollte bei einer Architektur, einer philosophischen Position oder einem technologischen Ereignis einer historischen Periode erkennbar sein? Welche formalen Kontinuitäten und Diskrepanzen sind zwischen einem Gebäude, einem Roman oder einem Kunstwerk gewünscht? Wie entsteht Architektur? Was sind ihre Wurzeln? Was soll sie tun? Welchen Zeitgeist soll sie «bauen»?

A. Übersetzungen. Architektur als Verknüpfung einer Epoche
Eine Architektur aus einer bestimmten Epoche auswählen und analysieren. Diese Architektur zu anderen Werken (Schrift, Kunstwerk, Film, Musikstück) der gleichen Periode in Beziehung setzen. Der Kontext, die Kohärenz, die Analogien wahrnehmen. Welche Botschaft/Wirkung kann diese Zusammensetzung für heute haben? Alle notwendigen Informationen über die ausgewählten Beispiele sorgfältig sammeln, die inhaltlichen und sprachlichen Charaktere des ausgewählten architektonischen Beispiels mit den Inhalten anderer Werke in Verbindung bringen. Medium: Text und Videocollage.

Q. Architekturfragen (AG)
wahr_nehmen, um_denken, auf_bauen. Die Veranstaltungsreihe thematisiert kulturelle Grundfragen und ihre Wirkung auf die Baukultur.
Körper – Kontext: Körpereingriff verkörpern. Wie hängen Werkstoff und Körper zusammen? Welche Fragen lassen sich in der Auseinandersetzung mit Form, Masse, Textur, Farbe, Transparenz, Oberfläche untersuchen? Wo hört der Körper auf? Wo fängt der Kontext an?
Subjekt – Objekt: Raumeingriff verräumlichen. Welche Beziehungen bestehen zwischen Subjekt und Objekt im Raumgefüge? Wann wird das Subjekt zum Objekt und umgekehrt? Welche Aspekte kommen in Frage?

Kultur – Natur: Ursprünge interpretieren. Welche Beziehung zwischen Projekt und Zufall ist sinnvoller?

Metapher – Analogie: Über die Spontaneität. Was heissen Original, Kopie, Modell, Typus in der Architektur?

A. Begriffe und Beispiele

Eines der vier thematischen Paare auswählen und mit Hilfe von Texten, kulturellen Beispielen und architektonischen Referenzen definieren, beschreiben, analysieren, argumentieren und persönlich interpretieren.

Q. Vier Bücher zur Architektur (AT)

Die Veranstaltung untersucht die Rolle der Architekturtheorie für die Entstehung der gebauten Architektur. Traktate, Texte, Manifeste, Pamphlete: Die Architekten reflektieren kontinuierlich über ihre Tätigkeiten.

A. Das Buch und seine Architektur

Ein Architektenbuch auswählen. Das Buch lesen, analysieren und interpretieren als Volumen (Dimensionen, Layout, Ausgabe, Übersetzungen, Paperbacks, …), als Körper (Inhalt, Aufgabe, Zielpublikum, …) und als Filter (Kontext, Einflüsse, Wirkungen, …).

Q. Architektur ist/als Kontext (BC)

Dieses Modul bietet einen Überblick sowie eine vergleichende Analyse einzigartiger Baukulturen. Es werden die Parameter zur Ausbildung einer Baukultur definiert, ein historischer Überblick gegeben sowie Definitionen von Baukulturen und ihrer Rolle bei der Ausbildung von Identitäten identifiziert. Baukulturen werden nicht nur nach ihrer architektonischen Produktion beurteilt, sondern auch innerhalb ihres sozialen, wirtschaftlichen und umgebungsbedingten Kontexts analysiert und verstanden. Besondere Aufmerksamkeit wird Ressourcen, Materialien und Konstruktion sowie dem traditionellen Baustil zuteil.

A. Baukulturen bedeuten …

Eine persönliche, kollektive, soziale, politische, religiöse, wirtschaftliche, technologische Frage? Definieren Sie ein Merkmal/Thema/Konzept, das Sie als relevant erachten, um Ihr Verständnis von Baukultur zu veranschaulichen. Stellen Sie die These auf: Baukultur bedeutet …; erörtern Sie die These mit Text- und Architekturbeispielen; erläutern Sie Ihre Position.

WÖRTER UND RÄUME

Eine alphabetische Liste der Grundbegriffe, die sowohl in der Lehre als auch in der Architekturpraxis relevant sind. Was bedeuten diese Begriffe für uns als Architekten, Citoyens, Menschen?:

analog, Atmosphäre, Bedeutung, Detail, digital, Charakter, Emotionen, Energie, Form, Funktion, Gebäude, Gesellschaft, Gestaltung, Grösse, Entwurf, Komposition, Konstruktion, Kontext, Kopie, Körper, Kultur, Massstab, Material, Modell, Natur, Oberfläche, Original, Ornament, Ort, permanent, Phänomen, Proportionen, Raum, Sinnlichkeit, Sprache, Stadt, Stil, Stimmung, Stofflichkeit, Struktur, Symbol, Tektonik, temporär, Typus, Zeit.

Und eine mögliche Gruppierung dieser Begriffe könnten sein:

Atmosphäre	Charakter	Emotionen	Phänomen	Form
Form	Funktion	Gebäude	Typus	Bedeutung
Bedeutung	Gesellschaft	Kultur	Natur	Gestaltung
Gestaltung	Entwurf	Komposition	Stil	Sprache
Sprache	Konstruktion	Struktur	Tektonik	Ornament
Ornament	Kontext	Körper	Ort	Raum
Raum	Zeit	analog	digital	Sinnlichkeit
Sinnlichkeit	Material	Oberfläche	Stofflichkeit	Körper
Körper	Modell	Original	Kopie	Referenz
Referenz	Proportionen	Grösse	Massstab	Detail
Detail	Oberfläche	permanent	temporär	Symbol
Symbol	Stadt	Energie	Stimmung	Atmosphäre

SURPRISE

Wenn jede Architektur das überraschende Ergebnis einer neugierigen Sicht auf die Welt ist, dann erfordert die Architekturlehre ein konstantes Hinterfragen des spezifischen Sinns, der üblichen Methoden und der gemeinsamen Werte der eigenen Schöpfung. Man könnte fragen, was ist Architektur? Oder was könnte Architektur sein? Es gibt einen entscheidenden Unterschied zwischen den beiden Fragen. Während die erste eine kategorische, taxonomische Frage ist, so beinhaltet die offene Untersuchung der Möglichkeiten der zweiten keine geringfügige Entscheidung, sondern die Konzeption der Architektur als Zusammenkommen verschiedener Instanzen, als Reflexion und Entdeckung der verschiedenen Werte und Kräfte des Kontextes hier und jetzt. Die Ziele und Antworten des Autors beziehen sich immer auf bestehende Dinge und Situationen und wurzeln in der Erwartung zukünftiger Ereignisse: Bürger, unerwartete Blicke und andere Architekturen. Das heisst zu berücksichtigen, dass ein Entwurf – selbst der visionärste – niemals aus einer Tabula rasa entsteht, sondern vielmehr eine solche definiert, eine überraschende und emotionale Antwort auf einen bestimmten Kontext. Um Architektur zu lehren, muss eine Schule innere Stärke zum Ausdruck bringen, die auf verschiedene Weise gesucht werden kann. Man könnte sich auf Autonomie fokussieren, das Streben nach Exzellenz, eine einzigartige Geste, die sofort wiedererkennbar ist und niemals wiederholt werden kann. Oder man könnte vielleicht an der Logik der Instrumente, der Qualität der Materialien, der technischen Tadellosigkeit des Entwurfs, der akademischen Kohärenz arbeiten. Schliesslich könnte man die grundlegenden Funktionen der vorgegebenen Aufgabe identifizieren, sie als das alleinige Ziel anerkennen und sich stillschweigend in ihren Dienst stellen. Keine dieser Strategien allein reicht jedoch aus, um eine Architekturschule zu garantieren, die stark sein und sich für unerwartete zukünftige Herausforderungen öffnen kann. Um dies zu erreichen, braucht es ein Denken, das einen Schulterschluss zwischen Kenntnis und Wünschen jenseits seiner ausdrücklichen Planungsgrenzen umfasst. Da es sich um einen klaren Prozess, um ein echtes Aufeinandertreffen verschiedener (privater, öffentlicher, individueller, kollektiver, gesellschaftlicher und kultureller) Interessen handelt, befindet sich jede Architekturschule in einem Kontext und ist dieser Kontext auch selbst, ein Ort von Orten, Dingen, Wegen, Menschen und Ereignissen. Der Kontext ist deshalb nicht nur die unmittelbare, konkrete, nahegelegene Umgebung, sondern eine viel reichere Gesamtheit, die sich aus Emotionen, Erkenntnis, Hoffnungen, Erinnerungen, Erwartungen und Entdeckungen zusammensetzt. Alle Architektur ist mithin zugleich ein physischer und metaphysischer Ort, sie ist ein Mechanismus und die Sublimierung des Mechanismus, ein Raum zum Handeln und ein Raum zum Überlegen, ein Ort rationaler Kontrolle und möglicher Träumerei. Und so sollte auch eine Architekturschule sein: ein Raum für geschickte, optimistische und unbedingt gemeinsame Spiele, ein Ort voller Überraschungen. Weil die Architekturlehre bereits Baukultur ist.

PRAGMATISCHE RÄUME

PETER ALTHAUS

Der Film *Back to the Future 2* aus dem Jahr 1989 zeigt das Problem des Umgangs mit der Zukunft exemplarisch: Die angesagtesten Dinge der Zeit – Skateboards und schrille Kleidung – werden linear in die Zukunft extrapoliert, gegenüber neu entstehenden Trends bleibt der Film blind.

Was für grosse Zukunftsbilder gilt, stimmt in eingeschränktem Masse auch für Prognosen des Bevölkerungswachstums, denen wir mit Zurückhaltung begegnen sollten. Gleichwohl ist es aber vernünftig, die Szenarien des Bundesamtes für Statistik (BfS) zur Entwicklung der ständigen Wohnbevölkerung ernst zu nehmen. Denn diese haben für Architekten und Städtebauer grosse Auswirkungen. In seinem mittleren Referenzszenario geht das BfS von einem Wachstum von etwa 1,1 Prozent aus, was für die nächsten zehn Jahre eine Zunahme von annähernd 80.000 Menschen bedeutet – also ungefähr die Grösse der Stadt Luzern.[1] Das ist zwar im Vergleich zur Dynamik der globalen Urbanisierung beinahe vernachlässigbar, doch im europäischen Kontext steht die Schweiz auf der Seite der wenigen Länder, denen für die kommenden Jahrzehnte ein deutliches Bevölkerungswachstum prognostiziert wird. Und da sich dieses Wachstum vorwiegend auf die metropolitanen Regionen konzentriert, sind städtebauliche Antworten gefragt. Ein Grossteil der politischen Akteure ist sich einig, dass dieses Wachstum mit einer «Verdichtung nach innen» bewältigt werden muss, was sich auch im revidierten Raumplanungsgesetz aus dem Jahr 2014 ausdrückt. Wie gehen wir Architekten mit diesem Spannungsfeld von Wachstum und Verdichtung um?

1
Szenarien zur Bevölkerungsentwicklung der Schweiz 2015–2045, hg. vom Bundesamt für Statistik, Neuchâtel 2015.

←
Emmen, Kanton Luzern.

VERDICHTUNG

Die städtebaulichen Strategien zur Verdichtung unterscheiden sich vor allem in Abhängigkeit von der Grösse und der historischen Entwicklung der jeweiligen Gemeinden. In den grösseren Städten finden die Umwälzungen vorwiegend in den Strukturen des 19. und 20. Jahrhunderts statt. Der Blockrand und die durchgrünte Stadt der Moderne bieten eine robuste Grundlage für eine Weiterentwicklung des Wohnungsbestandes.

Als deutlich schwieriger erweist sich die Situation ausserhalb der grossen Städte. Also beispielsweise in den Agglomerationsgemeinden oder Gemeinden, die statistisch betrachtet teilweise längst selbst zu Städten geworden sind, sich aber dennoch oft als Dörfer verstehen. In diesen urbanisierten ländlichen Räumen, in denen ein grosser Teil der Bevölkerung lebt und in denen ein beträchtlicher Anteil des zu erwartenden Wachstums aufgenommen werden wird, sind die städtebaulichen Ansätze über weite Strecken wenig überzeugend. Dem mit dem Wachstum häufig einhergehenden baulichen Massstabssprung gelingt es meist nicht, an die historisch gewachsene Siedlungsstruktur anzuknüpfen. Es fehlen grundlegende städtebauliche Theorien und daraus abgeleitete Strategien und Konzepte. Dies wiegt umso schwerer, als gerade diese Räume zunehmend die zukünftigen Betätigungsfelder unserer heutigen Architekturstudentinnen und -studenten sein werden. Gerade in diesen morphologisch wenig strukturierten Räumen drängt es sich auf, den Blick über die einzelne Parzelle hinaus zu werfen. Wir wollen versuchen, mit Hilfe des Begriffes «ecology», den der englische Architekturkritiker Reyner Banham Anfang der 1970er Jahre in den Architekturdiskurs eingeführt hat, einen pragmatischen Zugang zu den erwähnten städtebaulichen Fragen zu eröffnen.

ECOLOGY

Als Banham 1971 in seinem Buch *Los Angeles: The Architecture of Four Ecologies* einen würdigenden Blick auf die Stadt an der kalifornischen Westküste warf, arbeitete er mit einer vollkommen neuen und radikalen Sicht auf eine urbane Architektur. Das war insofern verwegen, als Los Angeles im damaligen architektonischen und städtebaulichen Diskurs als dezidiert negatives Beispiel einer modernen Grossstadt betrachtet wurde. Banham verband den Begriff der Architektur mit der Idee der Ökologie und stellte damit die Frage, welche Art Architektur in Bezug auf ihre Ökologie entstehen würde.[2] Banham verwendete dabei das

2
Reyner Banham, *Los Angeles: The Architecture of Four Ecologies*, Los Angeles 1971, S. XIX.

Wort «ecologies» im Sinne der Definition des deutschen Zoologen Ernst Haeckel, der Mitte des 19. Jahrhunderts Ökologie als Lehre verstand, welche die Beziehungen der Lebewesen untereinander und mit ihrer belebten und unbelebten Umwelt erforscht.[3] Gerade da es Banham gelang, auch Schnellstrassen und Hot-Dog-Stände in die Betrachtungen miteinzubeziehen und er damit eine Vielfalt von Ausdrucksformen des städtischen Alltags reflektierte, die nicht auf einen etablierten Status von Kultur und Geschmack beschränkt waren, scheint der Begriff der Ökologie auch in der Betrachtung der zur Diskussion stehenden urbanen Räume fruchtbar zu sein. Denn mit der Fokussierung auf deren Ökologie im Sinne einer unvoreingenommenen Untersuchung der Beziehungen zwischen dem gebauten Raum und dessen Interaktion mit den diversen Akteuren können die jeweiligen Eigenheiten und damit ein allfälliges Potential für eine weitere Entwicklung herausgearbeitet werden. Banham greift bei seiner Betrachtung von Los Angeles vier spezifische «ecologies» heraus – die Küste, die Hügel, die Ebene und die Schnellstrassen – und interpretiert damit die natürliche Umgebung als ein zentrales und aktives Element der Organisation der Stadt, seiner Bewohner und seiner Architektur. In dieser Lesart findet der auf billigem Öl basierende Hedonismus des amerikanischen Lebensstils der Nachkriegszeit sein Ideal unter der subtropischen Sonne Südkaliforniens – in den Case Study Houses. Meiner Ansicht nach lohnt es sich, dieses Denkmodell der «ecologies» auf unsere heutigen Räume zu übertragen. Dabei ginge es darum, in unseren Lebensräumen diesen Ausdruck aktueller zeitlicher und räumlicher Konzepte und Praktiken zu suchen, und zwar ganz im Sinne des neomarxistischen Humangeografen David Harvey, der diese raumzeitlichen Phänomene jeweils als Spiegelung einer charakteristischen Produktionsweise oder einer sozialen Anordnung sieht.[4]

3
Ernst Haeckel, *Generelle Morphologie der Organismen*, Berlin 1866, S. 286.

4
David Harvey, *The Condition of Postmodernity*, Oxford 1990, S. 204.

Die eklektische Collage ist die
vorherrschende Form zeitgenössischer suburbaner Räume.
Emmen, Kanton Luzern.

Die morphologisch wenig
strukturierten Räume der
urbanisierten Randbereiche
unserer Kernstädte könnten der
Ausgangspunkt für einen neuen
pragmatischen Städtebau sein.
Emmen, Kanton Luzern.

PRAGMATISMUS

Es liegt ausser Reichweite dieses kurzen Textes, neue abschliessende städtebauliche Modelle für die skizzierten Räume zu entwickeln. Vielmehr geht es um das
Nachdenken über robuste Ansätze, die uns helfen, dem urbanen Wachstum
abseits der Kernstädte auf der Basis des «ecologies»-Begriffs eine Form zu geben, die Ausdruck der aktuellen globalen und lokalen Herausforderungen sind.
Der spanische Architekt Iñaki Ábalos bringt die weltweite Verbreitung des amerikanischen Lebensstils im 20. Jahrhundert mit den Theorien der pragmatischen
Philosophie in Verbindung.[5] Pragmatisches Denken meint hier den Versuch einer
Neubeschreibung der Realität durch den Rückgriff auf unsere sich verändernde
Erfahrung. Dieser Ansatz lässt sich sowohl in der Philosophie, der Wissenschaft
als auch in den Künsten (und dazu wollen wir hier den Städtebau zählen) anwenden. Richard Rorty, einer der führenden philosophischen Denker der Gegenwart, definiert den pragmatischen Ansatz in *Kontingenz, Ironie und Solidarität*
folgendermassen: «Diese Art Philosophie […] arbeitet vielmehr holistisch und
pragmatisch. Sie sagt zum Beispiel: ‹Versuchen wir, uns dies auf folgende Weise
zu denken.› – oder, genauer: ‹Versuchen wir, die offensichtlich fruchtlosen traditionellen Fragen durch folgende neue und möglicherweise interessanten Fragen
zu ersetzen›.»[6] Der pragmatische Ansatz gibt nicht vor, bessere Antworten auf
alte Fragen zu haben, sondern er schlägt vor, die alten Fragen durch neue bessere Fragen zu ersetzen. Rorty sieht in der pragmatischen Methode einen
«Wettkampf zwischen einem erstarrten Vokabular, das hemmend und ärgerlich
geworden ist, und einem neuen Vokabular, das erst halb Form angenommen hat
und die vage Versprechung grosser Dinge bietet.»[7] Ich schlage vor, dieses Vokabular auch als städtebauliches Vokabular zu verstehen. Indem der Pragmatismus
nicht mehr von abschliessenden Vokabularen spricht, sondern deren Kontingenz
und somit deren Zeit- und Ortsgebundenheit immer mitdenkt, können wir den
Begriff der «ecology», der sich explizit um das lokale und zeitlich aktuelle Zusammenspiel von Geografie, Klima, Wirtschaft, Demografie, Technik und Kultur
dreht, in unsere Betrachtungsweise integrieren.[8] Im Gegensatz zu den Modellen
der Moderne, die vom Allgemeinen und Generellen ausgehen, verstehen sich die
pragmatischen Stadträume gemäss Ábalos als hybride Ökosysteme, die ein aus-
gewogenes Konglomerat aus der konkreten natürlichen physischen Umgebung

5
Iñaki Ábalos, *The Good Life*,
Zürich 2017, S. 204.

6
Richard Rory, *Kontingenz, Ironie
und Solidarität*, Frankfurt am Main
2016, S. 31.

7
Richard Rory, *Kontingenz, Ironie
und Solidarität*, Frankfurt am Main
2016, S. 31.

8
Iñaki Ábalos, *The Good Life*,
Zürich 2017, S. 227.

und den dazugehörigen menschlichen Artefakten suchen. Ábalos verweist hier
mit Nachdruck darauf, dass sich dieses Raumverständnis wesentlich von einem
generischen Stadtansatz unterscheidet, der die natürliche Landschaft unter einer
neutralisierenden Decke von austauschbaren Siedlungsmustern verschwinden
lässt.[9] Iñaki Ábalos formuliert es so: «Ziel ist es, Arten von Wachstum und Entwicklung zu antizipieren, die ein positives Gleichgewicht zwischen den Ressourcen
der physischen Umwelt, den technischen Entwicklungen, der bestehenden Kultur
und den sozialen Erwartungen schaffen könnten.»[10] In dieser Betonung eines
ausgewogenen ökologischen Gleichgewichts und dem Bewusstsein um dessen
Verletzlichkeit unterscheidet sich dieser Ansatz von der modernen Stadt und
ihrer ökologischen Nachlässigkeit.

Der pragmatische Ansatz von Rorty geht von einer radikalen geschichtlichen
Bedingtheit und damit einer radikalen Relativität sämtlichen menschlichen
Denkens aus. Unser sprachliches und auch unser städtebauliches Vokabular ist
historisch bedingt. Vor allem gibt es nicht nur ein Vokabular, sondern unzählige
unterschiedliche Vokabulare. Diese Vokabulare, oder besser, diese Sprachspiele
koexistieren und stehen im Wettbewerb miteinander. Es handelt sich um
Sprachspiele von Architekten, Städtebauern, Investoren, Politikern, Grundeigen-
tümern, Wissenschaftlern etc. Und genau in dieser unübersichtlichen Situation,
in der es keinen archimedischen Punkt ausserhalb gibt, von dem aus wir die
besonderen historisch bedingten, zeitgebundenen Vokabulare, die wir in der
Gegenwart benutzen, beurteilen könnten,[11] zeigt der Pragmatismus seine Stärke.
Noch einmal Ábalos: «Gerade der kontinuierliche Wandel, die Hybridisierung
oder Vermischung klar differenzierter Sachverhalte und Situationen, die sich in
pragmatischer Neubeschreibung niederschlägt, schafft Brücken oder ‹Konversa-
tionen›, die den Aufbau einer heterogenen und gegenseitig verbindlichen Umgebung ermöglichen, die in der Lage ist, die Sensibilität und Konflikte der heutigen
BürgerInnen poetisch auszudrücken.»[12] Ábalos denkt hier an die Herausforderungen zeitgenössischer urbaner Entwicklungen auf globaler Ebene, und dies in
Bezug auf Fragen von Umwelt, Politik, Migration sowie Minderheiten. Für die
Betrachtung unserer urbanen Räume abseits der Kernstädte bedeutet dies der
Versuch, die fragmentiert und widersprüchlich wahrgenommene Gegenwart
auszuhalten und dieser aus dem pragmatischen Verständnis ihrer spezifischen
Eigenheiten unvoreingenommen städtebaulich und architektonisch Ausdruck zu
verleihen.

9
Iñaki Ábalos, *The Good Life*,
Zürich 2017, S. 229.

10
Iñaki Ábalos, *The Good Life*,
Zürich 2017, S. 227.

11
Richard Rory, *Kontingenz, Ironie
und Solidarität*, Frankfurt am Main
2016, S. 91.

12
Iñaki Ábalos, *The Good Life*,
Zürich 2017, S. 230.

WIDERSPRUCH

Wir sind hier nun an einem Punkt angelangt, wo wir den Grundgedanken von
Rortys Pragmatismus – dass wir in verschiedenen zeit- und ortsgebundenen Vokabularen denken und dass diese Vokabulare somit kontingent, also nicht-notwendig,
manchmal sogar zufällig und durch ihren spezifischen Kontext bedingt sind – auch
an uns selber anwenden müssen. Rorty führt dazu die Figur der «liberalen
Ironikerin» ein. Als Ironikerin ist sie sich bewusst, dass ihre Überzeugungen
sowie die Gesellschaft, in der sie lebt, auch anders sein könnten. Sie sieht darin
aber keinen Mangel, sondern «nutzt die daraus resultierenden Möglichkeiten,
indem sie lernt, auch mit fremdem Vokabular zu sprechen, neue Erzählungen
über sich selbst und die Welt kennenzulernen, auszuprobieren und zu verflech-
ten.»[13] Sie ist insofern liberal, als dass sie diese Freiheit auch allen anderen
Menschen zugesteht. Wir wollen nun aus dieser Perspektive heraus versuchen,
eine städtebauliche Haltung für die oben skizzierten Stadträume zu formulieren.

Koreatown in Los Angeles besitzt
mit über 16.000 Menschen pro
Quadratkilometer eine beinahe
viermal höhere Dichte als die
Stadt Zürich und zeigt
exemplarisch, wie eine ehemals
suburbane Struktur attraktiv
nachverdichtet werden kann.

Zentral ist, dass wir unseren städtebaulichen Ansatz als eines von vielen möglichen Vokabularen verstehen und dass dies in der Konfrontation mit anderen
Vokabularen zwangsläufig zu fragmentierten und widersprüchlichen Resultaten
führt. Darin sehen wir keinen Nachteil, sondern vielmehr einen adäquaten Ausdruck aktueller gesellschaftlicher Verhältnisse.

Es ist bereits über 50 Jahre her, seit Robert Venturi für Widerspruch in der
Architektur plädiert und den Architekten geraten hat, auch die Trivialitäten und
Geschmacklosigkeiten des Alltäglichen und Gewöhnlichen zu beachten. Trotzdem scheinen auch heute noch viele Neubauquartiere und Siedlungen von einem
nicht übersehbaren Wunsch nach Homogenität, Monofunktionalität und Auf-
geräumtheit geprägt zu sein. Wenn wir die Lebensräume der Zukunft als «ecologies» verstehen, die, wie oben zitiert, die Sensibilität und Konflikte der heutigen
Bürgerinnen und Bürger poetisch ausdrücken sollen, befinden wir uns, wenn wir
Ábalos folgen, unweigerlich auf politischem Terrain. Architektur ist hier niemals
autonom, sondern verkörpert unter anderem immer auch die Interessen der
Auftraggeber. Hier gilt es nun stärker denn je, den Widerspruch auszuhalten und
die unterschiedlichen zugrunde liegenden Einflussfaktoren wie Ideologien, Stadt-
bilder, Marktkräfte, Politik, Gesetze, Ansprüche der Gemeinschaft und Technik
in ihrer ganzen Heterogenität gestalterisch zu bewältigen.

13
Oliver Weber, Der liberale
Ironiker im postumen
Vokabeltest, in: *Frankfurter
Allgemeine Zeitung*, 13. Juli 2019.

Der finnische Architekt und Theoretiker Juhani Pallasmaa beschreibt diese Situation wenig hoffnungsvoll, indem er die Frage nach einer Architektur unserer spätkapitalistischen Konsumgesellschaft mit «Es gibt keine Architektur» beantwortet. Die Antwort erstaunt, da Pallasmaa selber den «ewigen Zweck» der Architektur darin sieht, das Verhältnis des Menschen zur Realität zu strukturieren und zu kommunizieren.[14] Pallasmaa sagt: «Wenn sich die Architektur von ihrer metaphysischen und existentiellen Basis löst, wird sie zu Unterhaltung, Vergnügen und architektonischer Musik. Die Architektur, die die existentiellen Fragen des Lebens in unser Bewusstsein gebracht hat, wird durch eine Bauweise ersetzt, die, paradox zu ihrer eigenen Natur, alle wichtigen Fragen unter der lähmenden Maske von Komfort und Vergnügen begräbt.»[15] Erhellt Architektur wirklich unser Verhältnis zur Realität, wenn sie die grundlegenden Machtstrukturen und Produktionsverhältnisse unserer kapitalistischen Gesellschaft ignoriert und sich stattdessen auf die künstlerischen Aspekte zurückzieht? Wäre eine Koexistenz nicht viel transparenter und am Ende realistischer?

Pallasmaa sieht eine Spaltung der Architektur in eine kritiklose Dienstleistung für Kundenwünsche dieser Konsumgesellschaft und eine Architektur, die sich als Kunst versteht und es sich zur Aufgabe macht, gegen soziale Normen zu agieren.[16] Ein einzelnes Gebäude mag ja vielleicht die Strategie einer kulturellen Anarchie verfolgen, für einen Städtebau in der Vorstadt ist das aber kein gangbarer Weg, da hier zu viele strukturerhaltende Faktoren am Werk sind. Trotzdem müssen wir nicht alle Zyniker werden, wenn wir uns weigern, uns mit Architektur und Städtebau von der Welt enttäuscht in die Sphäre der Baukunst zurückzuziehen. Und auch wenn Pallasmaa gerade mit dem Begriff Ironie grosse Probleme hat, möchte ich zeigen, dass der Typ der liberalen Ironikerin uns einen Ausweg aus dieser Situation zeigt. Wir bleiben dabei nah an Pallasmaa dran.

14
Juhani Pallasmaa, From Utopia to a Monument, in: Encounters: architectural essays, Bd. 1, Helsinki 2005, S. 147–160, hier: S. 153.

15
Juhani Pallasmaa, Architecture and the Reality of Culture, in: Encounters: architectural essays, Bd. 1, Helsinki 2005, S. 249–262, hier: S. 260.

16
Juhani Pallasmaa, Architecture and the Reality of Culture, in: Encounters: architectural essays, Bd. 1, Helsinki 2005, S. 249–262, hier: S. 261.

PHÄNOMENOLOGIE

Trotz seines tiefen Kulturpessimismus kann sich Pallasmaa eine Zukunft vorstellen, in der neue ökologische Lebensformen auch eine neue Ethik der Notwendigkeit in der Architektur hervorbringen.[17] In seiner Schilderung der Villa Mairea von Alvar Aalto schwärmt er von einem überwältigenden Überfluss an Motiven, Rhythmen, Texturen und Materialien und fügt hinzu: «Das Gebäude ist nicht durch ein einziges dominantes architektonisches Konzept vereint, sondern die Ansammlung von Ideen, Eindrücken und Assoziationen scheint durch eine sinnliche Atmosphäre zusammengehalten zu werden.»[18] Auch Pallasmaa vermisst hier nicht ein alles erklärendes Konzept. Vielmehr lobt er die Themenvielfalt—können wir hier von Vokabularen sprechen? Der Eklektizismus, der mittlerweile ein fester Bestandteil unserer heutigen Gesellschaft geworden ist, scheint durch einen Rückgriff auf die Sinneserfahrung interessant zu werden. Hier zeichnet sich eine Strategie ab, die es möglich macht, auf der Basis der oben skizzierten pragmatischen Haltung urbane Räume zu denken, die die realen Kräftespiele unserer Gesellschaft abbilden und damit «die Welt, de[n] menschliche[n] Zustand und unsere Existenz» reflektieren.[19]

Die sinnliche Atmosphäre, die den eklektischen Mix an Motiven in Aaltos Architektur zusammenhält, setzen wir in Beziehung zu der gesuchten Poesie, in der sich die Sensibilität und die Konflikte der heutigen Bürger ausdrücken sollen. An dieser Stelle muss in Erinnerung gerufen werden, dass Phänomenologie und Pragmatismus in gewisser Weise verwandte Projekte verfolgen, sich in Bezug auf verschiedene Aspekte wechselseitig ergänzen und sogar ineinander übersetzen lassen. Beide Denkrichtungen verbindet zum Beispiel eine Nähe zu Realismus und eine Art Vertrauen in den Normalfall. Bei dem Versuch, unseren Lebensraum auf der Basis der zur Verfügung stehenden Ressourcen, den technischen Möglichkeiten, der prägenden Kultur und den sozialen Erwartungen heterogen zu gestalten, stellen wir nun den wahrnehmenden Menschen ins Zentrum. Das heisst, wir versuchen, den Schwerpunkt des Visuellen, das viele heutige Planungen prägt, durch Stimuli, Sehnsüchte und Affekte, die den Dingen inklusive unseren

17
Juhani Pallasmaa, The Limits of Architecture, in: *Encounters: architectural essays*, Bd. 1, Helsinki 2005, S. 279–294, hier: S. 285.

18
Juhani Pallasmaa, From Tectonics to Painterly Architecture, in: *Encounters: architectural essays*, Bd. 1, Helsinki 2005, S. 211–220, hier: S. 217.

19
Juhani Pallasmaa, The Limits of Architecture, in: *Encounters: architectural essays*, Bd. 2, Helsinki 2012, S. 187–199, hier: S. 193.

Körpern Bedeutung geben, zu erweitern. Architektur soll also einerseits eine Vielzahl von technischen, utilitaristischen und ökonomischen Parametern artikulieren und auch ästhetisieren. Doch erst durch eine Distanz zwischen diesen Parametern und einer autonomen Bildsprache gelingt es ihr auch, in ihrer ganzen Widersprüchlichkeit unser Bewusstsein von Realität zu stärken. In *Collage City* haben Colin Rowe und Fred Koetter diesen Aspekt bereits 1978 formuliert. Der Text ist aktuell wie nie zuvor. Vor allem der Typ des «Bricoleurs», den sie aus Claude Lévi-Strauss' *Das wilde Denken* übernommen haben, ist für unsere Betrachtung von grossem Interesse. Nach Lévi-Strauss ist «der Bastler […] in der Lage, eine grosse Anzahl verschiedenartigster Arbeiten auszuführen; doch im Unterschied zum Ingenieur macht er seine Arbeiten nicht davon abhängig, ob ihm die Rohstoffe oder Werkzeuge erreichbar sind, […]; die Welt seiner Mittel ist begrenzt, und die Regel seines Spiels besteht immer darin, jederzeit mit dem, was ihm zu Hand ist, auszukommen […].»[20] Der französische Ethnologe sieht den Künstler (also den Architekten) in der Mitte zwischen Wissenschaft und Bricolage, «was», so Rowe und Koettner, «weit mehr eine ‹wirklichkeitsnahe› Umschreibung dessen [ist], was der Architekt-Stadtplaner ist und tut, als irgendeine Phantasievorstellung, die aus Methodologie und Systemdenken abgeleitet wird».[21] Und wie wir weiter oben den pragmatischen Ansatz Richard Rortys nicht als Freibrief für einen neoliberalen Städtebau verstehen, so bedeutet der Architekt als Bricoleur ebenfalls kein «anything goes»: Ingenieur und Bricoleur wirken zusammen.

DIE TRADITION ÜBERWINDEN

Was bedeutet nun all dies für die eingangs skizzierten urbanen Räume? Gibt es gemeinsame Schlussfolgerungen für so unterschiedliche Orte wie beispielsweise Emmenbrücke, Sarnen oder Risch-Rotkreuz?
Als liberale Ironikerin verzichtet die Architektin auf ein dominierendes Vokabular, vielmehr ist sie sich der Kontingenz und der Koexistenz verschiedener Vokabulare bewusst. Gegenüber fixen Vokabularen und vereinheitlichenden Strategien ist sie skeptisch. Die eklektische Collage ist der Modus Vivendi zeitgenössischer suburbaner Räume, die fragmentierte Metropole, oder für die Schweiz eher

In der intensiven Auseinandersetzung mit dem Bestand werden pragmatische Interventionen vorgeschlagen, die die Heterogenität und Kontingenz der unterschiedlichen Vokabulare akzeptieren. Belgrad, Dorćol Platz. Studentenarbeit: Basil Schürch, Pascal Rüegg.

20
Claude Lévi-Strauss, *Das wilde Denken*, Bd. 14, Frankfurt am Main 2016, S. 30.

21
Colin Rowe und Fred Koetter, *Collage City*, Basel 1997, S. 152.

passend, die fragmentierte Landschaft ist eine Realität. Versuchen wir das Nebeneinander von alltäglichen Banalitäten, Ausformungen unserer hochtechnologischen Gesellschaft und Bruchstücken anspruchsvoller Architektur aktiv zu bejahen und darin eine kreative Kraftquelle zu sehen. Der Begriff der «ecologies» hilft uns, einen Ausdruck für das Zusammenspiel von Geografie, Klima, Wirtschaft, Demografie, Technik und Kultur zu finden.

Wagen wir es, in einem ersten Schritt durch die konsequente Vermischung und Hybridisierung der Vokabulare den zunehmenden Widersprüchlichkeiten und den disruptiven Entwicklungen heutiger Lebenswelten einen adäquaten Ausdruck zu geben! Fragen wir uns, zu welcher Art von Stadträumen und Architektur unsere globalen Vernetzungen mit all ihren utopischen und dystopischen Aspekten führen! Haben wir den Mut, einen Teil der unerwünschten Seiten unseres heutigen Lebensstandards nicht einfach an die globale Peripherie auszulagern, sondern versuchen wir, ihnen bei uns eine Präsenz zu geben! Dabei soll ihnen der phänomenologische Zugang durchaus eine Sinnlichkeit verleihen, die zu einer Architektur führen kann, die unsere Welt und die «condition humaine» poetisch reflektiert. Es besteht durchaus die Hoffnung, dass daraus ein neuartiges Vokabular entsteht, das wir heute noch nicht in seiner ganzen Blüte begreifen können.

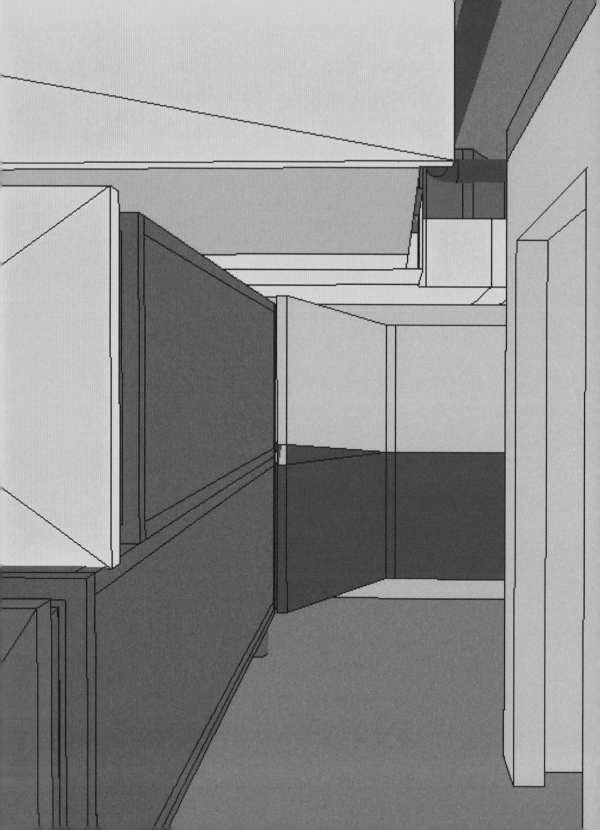

WIE KOMMT DIE LÜFTUNG INS BILD?[1]

HEIKE BIECHTELER

In Architekturausstellungen bekommt man häufig den Eindruck, als seien Architektinnen und Architekten die alleinigen Verantwortlichen für die Gestaltung eines Bauwerks. Dass es sich dabei um ein Gemeinschaftswerk handelt und nicht um das Meisterwerk eines Einzelnen, wird dagegen selten vermittelt.

Architekturausstellungen prägen auch unseren Zugang zur gebauten Umwelt. Die Inhalte und Formate einer Ausstellung vermitteln, wie sehr Architektur als eine Disziplin wahrgenommen wird, die dafür verantwortlich ist, ästhetische, soziale, wirtschaftliche und nachhaltige Lebensräume zu gestalten.
Auch wenn die Tatsache bekannt ist, dass es sich bei Bauwerken um ein Gemeinschaftswerk handelt, fehlt ihnen ein disziplinübergreifender, architekturtheoretischer Überbau, ein Kanon. Die Geschichte von Bauwerken handelt von der Geschichte des Architekten; den Geschichten der anderen Beteiligten wird nur wenig Beachtung geschenkt. Aus dieser Perspektive auf die Architektur können einzelne historische und zeitgenössische theoretische Ansätze erwähnt werden, die zwar eigenen Kontexten entspringen, aber trotzdem innerhalb dieser – direkt oder indirekt – die Frage nach der Autorschaft in der Architektur aufwerfen.

1
Der Text ist die überarbeitete und gekürzte Fassung der theoretischen Arbeit *Autorenschaften und Repräsentationen im Ausstellungsdiskurs von Architekturen* des Master of Advanced Studies in Curating an der ZHDK – Zürcher Hochschule der Künste vom 7. Juni 2019.

←
3D-Visualisierung des Technikraums im 1. Untergeschoss mit Lüftungsmonoblock. Gebäudetechnik, neukom Ingenieure. Die Pläne und Bilder zeigen die Casa mondiale und waren Teil der Ausstellung *Anatomy Lessons* in der Casa mondiale im Rahmen von Open House Zürich, 2019.

In diesem Sinne hat der Schweizer Architekturhistoriker Sigfried Giedion bereits im November 1947 auf dieses Missverständnis in seiner Einführung zur *Herrschaft der Mechanisierung* hingewiesen. Giedion kritisierte hier die seit dem Beginn der Mechanisierung zunehmende Trennung der Architektur in andere Disziplinen, die aber nie Teil der Architekturgeschichte wurden. Giedion machte für diese Lücke in der Geschichtsschreibung die Historiker verantwortlich, deren «unbegreifliche historische Blindheit verhindert hat, dass wichtige historische Dokumente, Modelle, Werksarchive, Kataloge und Werbebroschüren usw. aufbewahrt wurden […] Den Historikern ist ein Vorwurf zu machen, denen es nicht gelungen ist, ein Gefühl für die Kontinuität der Geschichte zu wecken […].»[2] In der folgenden Entwicklung der Architekturgeschichte hat aber auch «der allgemeine Drang des Architekten nach Autonomie oder der Sehnsucht nach Icons am heutigen Berufsbild […] seinen Anteil gehabt», wie der Schweizer Architekturtheoretiker Werner Oechslin im Jahre 2006 in seiner Einführung zum Berufsbild des Architekten schreibt. «Der ‹Künstlerarchitekt› hat sich in unserem kollektiven Bewusstsein festgesetzt und neuerlich ist es in konsequenter Zuspitzung und Übersteigerung der ‹Stararchitekt›, der, so scheint es, wesentlich das Bild des Architekten in der Öffentlichkeit bestimmt. […] In der medialen Welt ist es […] diese Figur, deren Auftritt zelebriert wird, und die den Blick auf die weitaus umfassendere Wirklichkeit des tatsächlichen Bauens verstellt […]».[3] Die unter dem Soziologen Bruno Latour mitentwickelte Akteur-Netzwerk-Theorie wäre hierbei eine Möglichkeit, die Trennung zwischen Architektur und den anderen Disziplinen inklusive ihrer existierenden Rahmenbedingungen zu beseitigen. Die Akteur-Netzwerk-Theorie ist für den Architekturdiskurs so relevant, da sie sämtliche Entitäten, das heisst sowohl Mensch, als auch technische Apparate, Objekte und Subjekte als gleichrangig handelnde, soziale Akteure in einem Netzwerk begreift. Diese These scheint es damit zu ermöglichen, neue Betrachtungsweisen herzustellen und Prozesse sichtbar zu machen, die vorher nicht sichtbar waren, und damit auch den Handlungsspielraum in der Architektur zu erweitern. Bruno Latour und die Architekturtheoretikerin Albena Yaneva argumentieren hierzu in «Die Analyse der Architektur nach der Actor-Network-Theorie (ANT)» von der Unmöglichkeit, ein Gebäude als statisches Objekt zu

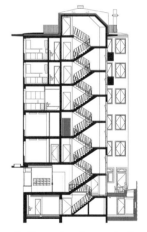

Ausführungsplan schwarz, rot gelb, huggenbergerfries Architekten.

2
Sigfried Giedion, *Die Herrschaft der Mechanisierung – Ein Beitrag zur anonymen Geschichte*, Frankfurt am Main 1982, S. 13 – 14.

3
Werner Oechslin, Das Berufsbild des Architekten – eine Erinnerung als Einführung, in: *Architekt und/versus Baumeister. Die Frage nach dem Metier*, 7. Internationaler Barocksommerkurs 2006, Stiftung Bibliothek Werner Oechslin, Einsiedeln, Zürich 2009, S. 6 – 17, hier: S. 9 ff.

bezeichnen, da sich Gebäude ständig in Bewegung befinden: «Sie altern auch nach ihrer Fertigstellung, werden von seinen Nutzern umgestaltet, verändern sich durch all das, was in ihnen und außerhalb von ihnen passiert, und oftmals werden sie bis zur Unkenntlichkeit renoviert, verfälscht oder verwandelt.»[4]
Eine Qualität dieses Ansatzes ist es, die Architekturgeschichte in all ihren Komplexitäten zu erzählen – als die Geschichte der Gebäudetechnologie, der Statik, der Bauherrschaft, des Totalunternehmers und der Nutzer. Die Architekturgeschichte lässt sich dabei nicht mehr als universelle, zentrale Geschichte ausgehend von einem bestimmten Autor wiedergeben, sondern durch die Beschreibung einzelner Akteure – auch wenn diese nur unvollständig und fragmentarisch bleiben. Architekturausstellungen bilden dabei ein geeignetes Medium, diese verschiedenen Architekturgeschichten theoretisch und praktisch abzubilden und zu zeigen, dass auch diese Beiträge und Sichtweisen dafür verantwortlich sind, den gebauten Lebensraum mitzugestalten. Repräsentiert werden in diesen Ausstellungen im besten Fall alle Beteiligten eines Projektes, sowohl inhaltlich als auch strukturell, beispielsweise durch die Wahl der Medien, der Materialien, ihrer Ausstellungsträger und der Organisation einer Ausstellung.

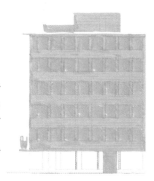

Vorskizze Strassenfassade
Kalkbreitestrasse 33.
Stadt Zürich, Amt für Städtebau,
Denkmalpflege, Jonathan Frey,
Frühjahr 2017.

ARCHITEKTUR ALS GEMEINSCHAFTSWERK AUSSTELLEN

Im zeitgenössischen Ausstellungsdiskurs existieren bereits Beispiele, die Architektur als Gemeinschaftswerk präsentieren. Sie zeigen dabei neue Möglichkeiten auf, wie Architektur als ganzheitliche Disziplin vermittelt werden kann, und sind genau aus diesem Grund gesellschaftlich relevant für die Baukultur.
Die Ausstellung zum Bau der Neuen Monte-Rosa-Hütte des SAC Zermatt wurde vom 24. Februar bis zum 25. März 2010 in der Haupthalle der ETH Zürich gezeigt und anschliessend als Wanderausstellung weitergeführt. Sie wurde vom Institut gta des Departements Architektur der ETH Zürich unter der Leitung

Originaler, unter Denkmalschutz stehender Türdrücker der Haupteingangstüre. Stadt Zürich, Amt für Städtebau.

4
Bruno Latour und Albena
Yaneva, «Gib mir eine Waffe und
ich bring alle Gebäude dazu,
sich zu bewegen». Die Analyse
der Architektur nach der
Actor-Network-Theorie (ANT):
www.kulturexpress.info/
Latour_DT.pdf, hier: S. B2/11,
Übersetzung nach: *Explorations in
architecture: teaching, design,
research*, hg. von Reto Geiser,
Basel/Boston, Mass./Berlin 2008,
S. 202 ff.

des Architekten Philippe Carrard kuratiert und dokumentierte den einige Monate zuvor fertiggestellten Bau der Monte-Rosa-Hütte, der mit der Ausstellung einer breiten Öffentlichkeit vorgestellt werden sollte.[5] Die Schau machte deutlich, dass eine solche Umsetzung eben nur und gerade wegen einer interdisziplinären Zusammenarbeit möglich war. Präsentiert wurden ein Modell der Monte-Rosa-Hütte im Massstab 1:10 – das Kernstück der Ausstellung – sowie Leuchttische, die mit grossformatigen Fotografien ausgestattet waren und den gesamten Planungs- und Bauprozess dokumentierten.[6]

Zum 150. Geburtstag der ETH Zürich wurde in enger Zusammenarbeit mit dem Schweizer Alpen-Club SAC ein nachhaltiges Gebäude für den hochalpinen Standort (2883 Meter ü. M.) im Monte-Rosa-Gebiet entworfen und von zahlreichen Sponsoren und dem SAC realisiert. Für die Umsetzung dieses Forschungsprojektes wurde am Departement Architektur der ETH Zürich das «Studio Monte Rosa» eingerichtet. Man arbeitete mit Studierenden an der Bauaufgabe und gleichzeitig zog man Fachleute aus verschiedenen technischen Bereichen hinzu. Das Projekt diente sowohl als Labor-, als auch als repräsentatives Vorzeigeprojekt. An ihm sollte sich alles Wissen einer «national und international eingebetteten naturwissenschaftlich-technischen Universität, ausgerichtet auf die Zukunft und führend sowohl in Lehre als auch in Forschung»[7] manifestieren, um die «Effizienz zeitgenössischer Technologien aufzuzeigen».[8] Die ETH bezweckte mit diesem Bau die Verknüpfung von Architektur, Nachhaltigkeit und modernen Technologien sowie die maximale Ausreizung dieses Wissens, zum Beispiel über neue Lösungen für die Energiezufuhr, die Wasserfassung und das Ziel, das Gebäude bis zu 90 Prozent energetisch autark auszuführen. Repräsentiert waren in der Ausstellung ein Grossteil der Projektbeteiligten: die Architektur, der Schweizer Alpen-Club SAC als Bauherrschaft, das Tragwerk, der Holzbau, Brandschutz, Geologie, Bauphysik, Energie- und Gebäudetechnik, Gebäudeautomation, Digitale Fabrikation, inklusive die verschiedenen Unternehmer und Sponsoren.

5
Projektdossier, Buch und Ausstellung *Neue Monte Rosa Hütte SAC. Ein autarkes Bauwerk im hochalpinen Raum*, Dokumentation Neue Monte Rosa Hütte, Dokumentation Institut gta, Institut Geschichte und Theorie der Architektur, Gta-Ausstellungen, Departement Architektur, Archiv am 17. Mai 2018.

6
Einladungsflyer der Eröffnung und Buchvernissage zur SAC Neuen Monte Rosa Hütte vom 23. Februar 2010 an der ETH Zürich im Hauptgebäude, eine Ausstellung kuratiert von der ETH Zürich, am gta – Institut für Geschichte und Theorie der Architektur, Departement Architektur.

7
Meinrad K. Eberle, Von der Jubiläumsidee zum Bauwerk, in: *Neue Monte-Rosa-Hütte SAC: ein autarkes Bauwerk im hochalpinen Raum*, Zürich 2010, S. 14 – 15.

8
Àkos Moravansky/Andrea Deplazes/David Guggerli, Die Ankunft der Hütte im Jetzt, in: *Neue Monte-Rosa-Hütte SAC: ein autarkes Bauwerk im hochalpinen Raum*, Zürich 2010, S. 55 – 66.

Als weiteres Beispiel steht die Ausstellung *Elements of Architecture,* die von dem niederländischen Architekten Rem Koolhaas kuratiert und vom 7. Juni bis zum 23. November 2014 auf der 14. Biennale in Venedig gezeigt wurde. Unter dem Titel *Fundamentals* wurde die Entwicklung der Architekturgeschichte mit Anbruch der Moderne seit 1914 gezeigt, im Lauf von deren Entwicklung beispielsweise der Beginn des Neoliberalismus ein einschneidendes politisches Ereignis in der Architekturgeschichte bildete und sich der einst ethische Anspruch der Architektur in einen marktorientierten verwandelte.[9] Die Hauptausstellung im zentralen Pavillon «Elements of Architecture», verwies dabei auf die Grundelemente des Bauens, wozu auch bedeutende technische Erfindungen zählten. Das,

Modellbaufoto Kulturraum Scaletta, huggenbergerfries Architekten.

was normalerweise als nicht-repräsentativ galt wie beispielsweise die Technologie, stellte Koolhaas in den Mittelpunkt der Ausstellung — nicht den Architekten, sondern die Architektur. Technologische Zusammenhänge wurden sichtbar gemacht und als gleichwertiger Teil der gebauten Umwelt wahrgenommen. 15 Bauelemente wurden als gebaute Enzyklopädie präsentiert und auf zugleich analytische und unterhaltsame Art und Weise untersucht: in Form von Filmen, Fotografien, Modellen, Skizzen und Plänen, sowohl geschichtlich, soziologisch, politisch, als auch historisch, gegenwärtig und zukünftig. Jedes der Elemente wurde hierbei als Schlüsselfigur von sowohl politisch-ideologischen, als auch technologisch-konstruktiven Geschichten ausgestellt.

Diese beiden Ausstellungen sind jedoch Sonderfälle. Bauwerke werden zumeist aus der Sicht des Architekten gezeigt, nicht nur kuratorisch, sondern auch inhaltlich: Grundrisse, Schnitte, Ansichten, Modelle, Renderings usw. sind spezifische Arbeits- und Kommunikationsmittel des Architekten und erzählen damit von genau dieser spezifischen Arbeits-, Denk- und Betrachtungsweise. Auch wenn diese Medien aus der Hand des Architekten immer wieder auf disziplinübergreifende Inhalte verweisen, werden Konzepte oder Details, die aus der Perspektive der anderen Beteiligten wie etwa des Bauherren, des Bauphysikers, Bauingenieurs und Gebäudetechnikers entwickelt werden, kaum berücksichtigt. Diese anderen Sprachen und Einflüsse bleiben dem Betrachter verschlossen, obwohl sie unsere gegenwärtige gebaute Umwelt in gleichem Masse gestalten und ohne die ein Gebäude nicht existieren würde.

9
Rem Koolhaas, Fundamentals,
in: *Fundamentals. 14th International Architecture Exhibition,*
Ausst.-Kat. Mostra Internazionale
di Architettura, La Biennale
di Venezia, 7. Juni – 23. November
2014, Venedig 2014, S. 17 – 19.

Was könnte es bedeuten, diese fehlenden Teile und Perspektiven als ebenso relevant zu vermitteln? Es hiesse, über die traditionellen Betrachtungsweisen innerhalb der Architekturdisziplin hinauszugehen, diese zu erweitern und damit auch unser bisheriges Verständnis von Architektur in Frage zu stellen und zu korrigieren mit dem Ziel, Architektur als gesamtgesellschaftliches Anliegen zu begreifen und sich in disziplinübergreifender Hinsicht der Möglichkeiten, Potentiale, aber mitunter auch der Gefahren von Architektur bewusst zu werden. In diesem Sinne ist eine Baukultur auch nicht von gesellschaftlichen Aufgaben und politischen Interessen zu trennen – im guten wie im schlechten Sinne.

ARCHITEKTURGESCHICHTE ENTSTEHT DURCH IHRE EIGENEN BILDER

Architekturausstellungen als Gemeinschaftswerk mit ihren verschiedenen Sichtweisen zu zeigen, bedeutet auch, uns neue Arten des Betrachtens anzueignen, über die wir uns andere Formen der Repräsentation erschliessen. Diese neuen Bilder haben weiterhin das Potential, mit ihrer jeweils eigenen Sprache, ihrem eigenen, disziplinären Medium auf ein und dasselbe Original zu verweisen. Sie ermöglichen damit neue Diskurse, indem sie unsere Blicke auf ein Bauwerk erweitern. Denn Darstellungsformen mögen konkret, bildlich oder abstrakt sein, ähnlich auch wie die Kunstinstallation *Three Chairs* aus dem Jahr 1965 zeigt, in der der Konzeptkünstler Joseph Kosuth einen Stuhl auf drei unterschiedliche Weisen präsentiert: als gebauten Stuhl, als eine Fotografie desselben und als enzyklopädischen Eintrag. Die Installation besteht damit aus einem Objekt, einem Abbild des Objektes und aus dessen Beschreibung. Jedes Bild verweist hier auf den Stuhl in seiner eigenen Sprache und in seinem eigenen Medium und eröffnet dem Betrachter damit wiederum neue Betrachtungsmöglichkeiten und Diskussionsräume.[10] Im zeitgenössischen Ausstellungsdiskurs in der Architektur geht es auch darum, bestimmte Sehgewohnheiten zu hinterfragen und neu zu denken – in Bezug auf Bilder, Pläne, Modelle oder andere repräsentative Medien. Dies vor allem im Hinblick traditioneller Ausstellungsmaterialien, die bisher vor allem aus Architektenhand generiert werden und die sich bereits in unser kollektives Gedächtnis eingeprägt haben.

Repräsentationstechniken in der Architektur sind nach wie vor auf das Bild beschränkt, das eine strukturelle Oberfläche oder Typologie beschreibt. Dem Betrachtenden wird aber kein bauphysikalisches Detail erklärt, wie etwa die Sprinkleranlage, die Zu- und Abluft funktionieren oder auch die Technikzentrale

10
www.moma.org/learn/moma_
learning/joseph-kosuth-one-and-
three-chairs-1965/
(abgerufen am 24. Februar 2020).

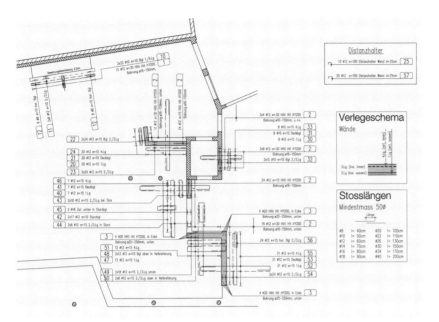

Schalungs- und Bewehrungsplan
Erdgeschoss, Bauingenieure,
Schnetzer Puskas Ingenieure.

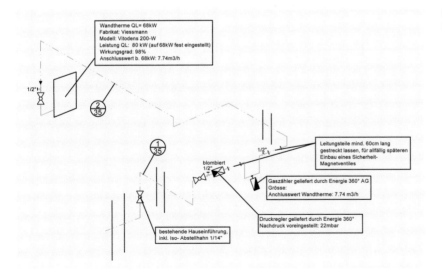

Gaseingabe, Gebäudetechnik,
neukom Ingenieure.

organisiert ist. Wie kann deshalb innerhalb dieses Ausstellungsdiskurses die Geschichte eines Bauwerks «anders» erzählt werden? Wie hätte dann dieser neue Diskurs das Potential, die Geschichte der Architektur zu aktualisieren? Dies in dem Bewusstsein, dass die Repräsentation von Kunst und/oder Architektur nicht nur ein Effekt von Diskursen ist, sondern diese genauso auch mitproduziert. Dazu beschreibt die Kunsthistorikerin Susanne von Falkenhausen in ihrem Text «Wie kommt Geschichte ins Bild?» anhand der Unterscheidung von Historismus und Realismus, wie Kunst die Geschichte nicht nur abbildet, sondern sie auch schreibt: «Der Historismus hat gezeigt, dass die Geschichte nicht nur über die Erzählung […] ins Bild kommt. Das Phänomen des Stilhistorismus im 19. Jahrhundert hat uns in vielen Kunstgattungen gezeigt, dass nicht nur der ‹Inhalt› […], sondern auch die ‹Form› […] Geschichte darstellt. […] Die Wahl des Stils, in dem gebaut oder gemalt wurde, ja sogar die Technik, die verwandt wurde, können in diesem Sinne verstanden werden. Dabei wurde das, womit dargestellt wird […], aus seinem ursprünglichen Zusammenhang herausgerissen. Und so stellt sich die Frage nach der Darstellbarkeit von Geschichte auch im ästhetischen Sinne innerhalb der Kunst. […] Geschichte, besser der Diskurs der Geschichte, ist hierbei Ausgangsort von Kanonisierungen […].»[11]

In Architekturausstellungen sind dann auch das Rendering, der Armierungsplan, der Technikraum und die Abluft mitverantwortlich dafür, Architekturgeschichte zu schreiben. Im Gegensatz zur Architektur, die sich vor allem als dienstleistende Disziplin versteht, konnten die visuellen Künste ihre Repräsentationsformate immer wieder schneller reflektieren, neu erfinden und dementsprechend auch festgefahrene «Codes» auflösen, indem sie begannen, ihre Rolle nicht mehr innerhalb, sondern in Opposition zur Gesellschaft zu definieren. Der Kunst wurde es damit möglich, sich aus sich selbst heraus zu legitimieren und nicht mehr die Geschichte als Begründung zu bemühen.[12] Trotz dieses Unterschieds wäre es auch in der Architektur möglich, ihre Repräsentationsformen aus einem transdisziplinären Netzwerk heraus immer wieder neu zu entwickeln – nicht nur aus der Geschichte heraus, nicht im Sinne eines «Genies», eines Meisters, sondern aus der Gegenwart, der Situation und Innovation heraus.

11
Susanne von Falkenhausen,
1880 – 1945: Wie kommt Geschichte ins Bild? Warum verschwindet sie daraus? Und taucht sie wieder auf? Eine Skizze, in: *Praktiken des Sehens im Felde der Macht: gesammelte Schriften*, hg. von Ilaria Hoppe, Bettina Uppenkamp und Elena Zanichelli, Hamburg 2011, S. 17 – 52, hier: S. 24.

12
Susanne von Falkenhausen,
1880 – 1945: Wie kommt Geschichte ins Bild? Warum verschwindet sie daraus? Und taucht sie wieder auf? Eine Skizze, in: *Praktiken des Sehens im Felde der Macht: gesammelte Schriften*, hg. von Ilaria Hoppe, Bettina Uppenkamp und Elena Zanichelli, Hamburg 2011, S. 17 – 52, hier: S. 24.

DIE LÜFTUNG IM BILD AM BEISPIEL DER AUSSTELLUNG *ANATOMY LESSONS*

Wie die Lüftung nun am Ende wirklich ins Bild kommt, kann aber letztes Endes nur an einem konkreten Beispiel erfahren werden: Die Ausstellung *Anatomy Lessons* in der Casa mondiale, die zwischen dem 27. September und dem 11. Oktober 2019 im Rahmen von «Open House Zürich» gezeigt wurde, diente hierfür als Fallbeispiel, die Akteur-Netzwerk-Perspektive auf den Ausstellungskontext zu übertragen.

Ein denkmalgeschütztes Wohnhaus in Zürich aus den 1950er Jahren, die Casa mondiale, bildete hierbei sowohl den physischen, als auch thematischen Ort der Ausstellung und sollte im besten Fall jeden Blickwinkel des 2018 fertiggestellten Umbauprojektes zusammentragen – sei es per Interview, E-Mail, Excelliste, Protokoll, Brandschutzplan, durch Videos, Modelle, Diskussions- und Vortragsveranstaltungen oder ein typisches Arbeitswerkzeug. Es ging hierbei darum, den Räumen des Hauses anatomisch auf den Grund zu gehen: Wie wird auf ein Original durch eine bestimmte Sprache verwiesen? Welche Kommunikationsmittel werden gewählt, um eine Wand, eine Stütze und einen Innenausbau darzustellen? Wie sehen diese jeweiligen Sprachen und Kommunikationsmittel aus, die aus einer bestimmten Hand generiert werden und auf etwas Bestimmtes – in diesem Fall ein Original –, sei es die Materialität, die Konstruktion oder die Leitungsführung innerhalb einer Wand, verweisen möchten?

Aufgabenmodell, eine Art Autonomie, Bauherrschaft, Stiftung Ponte Projektfonds.

An der Ausstellung beteiligten sich insgesamt elf Planerinnen und Planer, die allerdings nur einen Ausschnitt des tatsächlichen Netzwerkes bildeten. Alle Beteiligten bekamen dabei die Aufgabe, insgesamt 15 Fragen zu ihrer fachlichen Position, ihrem disziplinären Aufgabengebiet und ihrem persönlichen Bezug zur Casa mondiale sowohl in Textform, als auch visuell durch die für ihre Disziplin «typischen» Kommunikationsmittel zu beantworten. Die Antworten wurden im gesamten Treppenhaus der Casa mondiale vom Untergeschoss bis zum Dachgeschoss gezeigt.

Auf die Frage nach seinem Lieblingsort in dem Gebäude antwortete der Projektleiter der Gebäudetechnik Stephan Matt von neukom Ingenieure beispielsweise, dass er sich «am meisten mit dem Technikraum sowie dem Badezimmer mit den engen Platzverhältnissen» verbunden fühle. «Raum» definiere er weiterhin, unter beengten Platzverhältnissen die Gebäudetechnik unterzubringen – im Technikraum, in den Steigschächten oder in den abgehängten Decken.

Für Adrian Berger von huggenbergerfries Architekten bildete dabei «der Umgang mit dem denkmalgeschützten Haus und der damit verbundene Behördenkontakt eine besondere Herausforderung. Hier war es wichtig, das wertvolle Haus aus den späten 50er Jahren für weitere 60 Jahre zu modernisieren, ohne dass der Geist des Originals verloren ginge».

Für die Bauherrschaft, der Stiftung Ponte Projektfonds, dagegen waren die hoch gesteckten Ziele der Stiftung hinsichtlich Gemeinnützigkeit und Wirtschaftlichkeit und die Bewältigung der Friktionen und Konflikte zwischen kollidierenden Gestaltungsvorstellungen des Restaurants Seebähnli zwischen Architektur und Betreiber anspruchsvolle Herausforderungen. Freude hat dem Projektleiter Sebastian Hefti von der Bauherrschaft dabei vor allem das «Zurverfügungstellen» an vielfältig Nutzende bereitet und dass Begegnungs-, Wohn- und Arbeitsräume geschaffen wurden. «Sie dürfen weiterhin experimentieren, was Führung und Gestaltung im städtischen Kontext bedeuten könnte, sie sind keinem Rendite-zwang unterworfen und an anonymisierte Abläufe versklavt. Sie dürfen erleben, dass es geht, obwohl zu viele sagen, dass es gar nicht möglich ist.»[13]

Aussenlärmsituation, Kopitsis
Bauphysik AG.

Die insgesamt 100 gleich gerahmten Bilder, die aus den visuellen Antworten inklusive ihrer Bildunterschriften entwickelt wurden, veranschaulichten den komplexen, nicht immer geradlinigen Prozess, der hinter jedem Bauwerk steht, und machten damit die einzelnen Interessen und Kommunikationsformen der Projektbeteiligten sichtbar.

Letzten Endes ging es in dieser Ausstellung auch um eine Suche. Es ging um die Suche der Zusammenhänge zwischen Architektur und Leben, Gesellschaft und Technologie und um die Vermittlung dieser Spektren, die dabei auf ästhetische, spielerische Art und Weise gesellschaftsfähig gemacht werden sollten. Zu finden wären dann im besten Fall auch das Zu- und Abluftdetail eines Gebäudetechnikers, der Kontoauszug der Bank, der Armierungsplan eines Bauingenieurs und der Türgriff eines Denkmalpflegers sowie die Schreinerarbeiten als gleichwertige Re-präsentationsformate und Bilder in einer Ausstellung. Sie alle würden dann auf die gleiche Weise mit den Betrachtern interagieren, wie es bisher auch Ansicht, Schnitt, Grundriss und Rendering des Architekten getan haben. Damit erweitert sich auch der Architekturbegriff, der dann nicht nur den Architekten umfasst, sondern auch den Bauingenieur, den Elektro- und HLKS-Ingenieur, die Bauherr-schaft, die Bank usw. Sie alle sind Teil dieses Begriffes und produzieren deren Architekturgeschichte und Mythos im gleichen Masse mit.

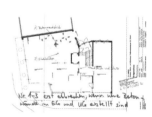

Berechnungen und Angaben in
Skizzenform im Architektenplan
des Erdgeschosses.
Bauingenieure, Schnetzer Puskas
Ingenieure.

Die Art und Weise, wie die Bilder in einem Raum präsentiert werden, kann sich dabei immer wieder neu entwickeln, Widersprüche aufzeigen oder in Opposition

13
Interviewauszug im Rahmen
der Ausstellung *Anatomy Lessons*
vom 27. September bis 11. Oktober
2019 in der Casa mondiale,
Zürich, Kalkbreitestrasse 22, 8003
Zürich, mit Stephan Matt,
neukom Ingenieure, Adrian Berger,
huggenbergerfries Architekten,
und Sebastian Hefti, Bauherrschaft
Stiftung Ponte Projektfonds.

zu etwas stehen und sich – wie auch in den visuellen Künsten – immer wieder selbst erneuern. Diese Erneuerung kann aber nur aus einem transdisziplinären, diskursiven Raum heraus stattfinden und hat die Fähigkeit, sich immer wieder – bezogen auf den anderen und auf die Vergangenheit, Gegenwart und Zukunft – auf spielerische, poetische und ästhetische Weise selbst zu korrigieren, zu erfinden und damit die Geschichten multipler Urheberschaften und unterschiedlicher Repräsentationsweisen zu erzählen. Und konkret: Erst wenn Hausmeister, Schreiner, Gebäudetechniker und Projektmanager zusammen auf der Vernissage erscheinen, wird die Architekturausstellung zu einem Fest für alle.

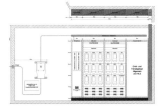

Disposition Elektro-Hauptverteilung, Elektroingenieure, R&B Engineering.

DIE LÜFTUNG IM BILD IN DER ARCHITEKTURVERMITTLUNG – EIN NACHWORT

Am Institut für Architektur an der Hochschule Luzern sind interdisziplinäre Vermittlungsformate bereits fester Bestandteil in den Lehrplänen. So auch in den «Keynote-Lectures», einem Modul im Masterstudiengang. Auch wenn dieses Workshopformat dabei nur indirekt mit dem Ausstellen von Architektur zu tun hat, ist das Modul doch ein Beispiel für das gleichberechtigte Vermitteln und Kuratieren zwischen den anderen Disziplinen. In diesem Modul wird Architektur als Akteur und Netzwerk verstanden, nämlich als Disziplin, die die Gesamtheit eines Problems als ein disziplinübergreifendes versteht. Inhaltlich wird einzig und allein ein übergeordnetes Thema oder eine übergeordnete Fragestellung gestellt, wie beispielsweise «Alternative Landscapes» im Herbst- und Frühlingssemester 2019/2020. Dieses Thema wurde aufbauend wiederum von den geladenen Gastdozierenden beziehungsweise Gastkuratorinnen und -kuratoren in ihrem eigenen disziplinären Vokabular interpretiert sowie didaktisch und inhaltlich als eigenständiger Workshop umgesetzt.

«Dozieren» wird in diesem Modul vielmehr als «Kuratieren» verstanden. Das Wissen wird dabei nicht von ausschliesslich einer Person weitergegeben, sondern es wird dafür «Sorge» getragen, Wissen aus verschiedenen Situationen, Räumen und Dialogen heraus zu ermöglichen und auszutauschen. Sinn und Zweck hierbei ist es, immer wieder neue und andere Diskussionsräume zu eröffnen. Generiert werden soll dabei ein disziplinübergreifendes Repertoire von theoretischem und angewandtem Wissen.

Mit dieser Art der kuratorischen Architekturvermittlung könnten Architekturausstellungen automatisch als Gemeinschaftswerke umgesetzt werden, weil eine inhaltliche Trennung unter den Disziplinen nicht mehr existieren würde, höchstens vielleicht strukturell, zum Beispiel in der Schnittstellenplanung.

ENERGIE ALS ENTWURFSGENERIERENDER FAKTOR

LUCA DEON

Die interdisziplinäre Auseinandersetzung mit Energiefragen muss (an der HSLU) ein integraler Teil der Ausbildung sein. Denn Energie und Technik gehören in der Praxis zu einer zeitgemässen Architektur. Gerade in Zeiten des Klimawandels heisst es, Verantwortung zu übernehmen und Energie entwurfsgenerierend einzusetzen.

DAS SPEZIFISCHE IM KOMPLEXEN

Planen, Bauen und Realisieren sind einem stetigen Wandlungsprozess unterworfen. Die wachsenden Bedürfnisse der Gesellschaft, die technologischen Neuerungen, die zunehmenden gesetzlichen Rahmenbedingungen, das sich wandelnde Klima und der wirtschaftliche Druck führen zu ständig komplexeren Planungsprozessen, die entsprechende Planungsmethoden voraussetzen. Planen, Projektieren und Umsetzen sind zu einer komplexen und vielfältigen Disziplin avanciert, die nur über integral koordinierte und interdisziplinär vernetzte Prozesse geführt werden kann.

Eine Architekturausbildung kann in drei respektive fünf Jahren Lehre nur einen Bruchteil der verschiedensten Facetten des Berufsbildes thematisieren. Umso wichtiger ist es als ausbildende Schule, eine spezifische Auswahl der zu lehrenden Architekturthemen zu treffen und diese sinnvoll in einen curricularen Kanon einzuordnen – so entsteht *Die Luzerner Schule*. Hier wird das Arbeiten in interdisziplinären Teams von Studienbeginn an eingeübt und im Verlaufe des Studiums implementiert. So kann zum Beispiel ein global relevantes und fachlich komplexes Thema wie das der Architektur im Zeitalter des Klimawandels seriös behandelt werden. An der Luzerner Schule werden Projektaufgaben aus unterschiedlichen Fachrichtungen vielfältig betrachtet, in einem gemeinsamen Projekt analysiert und interdisziplinär im Team umgesetzt. Nur auf diese Weise wird die

←
Innenhof Ali Labib, Kairo.

Hochschule Luzern ein scharfes Profil aufgrund ihrer Spezifität erhalten und kann sich somit in der nationalen Hochschullandschaft klar positionieren. Dasselbe darf man von den übrigen Schweizer Hochschulen erwarten, um so in der nationalen Einheit möglichst unterschiedliche Schwerpunkte der Architektur anzubieten.

GEBÄUDE ALS SYSTEM

Um ein Gebäude bauen zu können und die verschiedensten Aufgaben, Bedürfnisse und Wünsche einzulösen, bedarf es differenzierter Konzepte, konstruktiv durchdachter Strukturen, nachhaltiger Materialien, fein ausbalancierter Bauprozesse und ressourcenschonender Energien. Von Planenden erwarten wir die Kompetenz, all diesen Anforderungen gerecht zu werden. Architekten als Generalisten stehen mitten in diesem vielfältigen und immer komplexer werdenden Planungsgewirr. Von ihnen wird erwartet, dass sie den Überblick behalten, um einerseits gegenüber neuen Ideen und Optimierungen offen zu sein und gleichzeitig die Kohärenz der Projektidee aufrechtzuerhalten. Wenn nötig, adaptiert die Architektin sogar das architektonische Konzept, um so bedürfnisgerecht und mit Sinnhaftigkeit eine austarierte Lösung zu erzielen. Will der Architekt ein Generalist sein, muss er gesamtheitlich denken und über seine eigene Disziplin schauen können.

Bachelor + an der Hochschule Luzern: Studierende aus vier Fachrichtungen bearbeiten interdisziplinär ein Projekt im Team.

An der Hochschule Luzern werden in einigen Modulen die folgenden vier Institute zusammengeführt: Architektur und Innenarchitektur, Bauingenieurwesen und Gebäudetechnik. Alle an der Planung beteiligten Disziplinen sollen gleichwertig behandelt, synergetisch gedacht und ganzheitlich eingesetzt werden. Aus allen Disziplinen werden entwurfsrelevante Aspekte erkannt, definiert und formgenerierend eingesetzt. Studierende aus den vier unterschiedlichen Instituten und Fachrichtungen bearbeiten ein gemeinsames Projekt im Team. Fachkompetenzen aus dem eigenen Haus sollen beratend hinzugezogen werden. Experten aus dem In- und Ausland überprüfen während der Zwischen- und Schlusskritiken die Projekte auf ihre disziplinäre und interdisziplinäre Konsistenz.

THEORIE VON DER PRAXIS

Das Ausbildungskonzept besteht darin, die bestehende Lücke zwischen theoretischem Denken und praktischer Umsetzung zu schliessen. Durch eine fachliche und methodische Theorievermittlung der Praxis wird so die Gesamtheit der architektonischen Qualität von der Konzeption bis zur Umsetzung gesichert. Die Studierenden werden animiert, ihre Projekte mit Praxisbezug zu entwickeln und gleichzeitig ihre eigene Theorie aus den iterativ gewonnenen Erkenntnissen niederzuschreiben.

Die Ausbildung erfolgt in einer Symbiose zwischen Denken und Planen, einer Wechselwirkung von theoretischem Denken und praktischer Erfahrung. Die planerische Qualität wird im Denken bis zur gebauten Realität sichergestellt. Die Erfahrung der Dozierenden untermauert auf theoretischer Ebene eine «inspirierte Praxis» und vermittelt das Berufsbild des bauenden Planers. Für die Hochschule Luzern bedeutet dies, den methodischen Forschungsschwerpunkt «Gebäude als System» konkret umzusetzen und diesen in enger Zusammenarbeit mit der Lehre und einem qualitätssichernden, interdisziplinären Austausch mit Bauexpertinnen und -experten permanent weiterzuentwickeln. Permanent – weil Bauprozesse einem ständigen Wandel unterliegen.

EINE PERSÖNLICHE HALTUNG ENTWICKELN UND VERANTWORTUNG ÜBERNEHMEN

In der *Genesis* wird am Anfang der Menschheitsgeschichte beschrieben, was der Wille Gottes für unsere Erde ist: «Und Gott nahm den Menschen / und setzte ihn in den Garten Eden, / um ihn zu bebauen und ihn zu bewahren» (*Genesis* 2,15). Er setzt nicht nur den Menschen in einen wunderbaren Garten, sondern gebietet, ihn zu bebauen und damit zu bewahren. Es liegt in der menschlichen Verantwortung, Sorge zu tragen für das, was uns anvertraut wurde.

Die globale Situation der zur Neige gehenden Ressourcen, der CO_2-Emission und der Klimaerwärmung ist prekär und ruft nach politischen und gesellschaftlichen Weichenstellungen. Die heute so oft zitierte Energiefrage ist primär nicht nur eine rein technische oder politische Angelegenheit, sondern vielmehr eine Frage der eigenen persönlichen Haltung, wenn nicht sogar eine menschliche Verpflichtung gegenüber Schöpfung und Umwelt. Unsere heutigen Bedürfnisse und Komfortansprüche lassen uns mehr Energie verbrauchen, als global an natürlichen Ressourcen vorhanden sind. Somit beuten wir heute nicht nur unseren Planeten, sondern auch die natürlichen Energiequellen aus, welche die Existenz unserer künftigen Generationen sichern würden. Diese Erkenntnis sollte in uns ein Umdenken auf zwei Ebenen hervorrufen: Einerseits sollte jeder nach seinen Möglichkeiten mit Energie haushalten und sich für alternative Energiequellen interessieren. Gleichzeitig müssen nach dem Verursacherprinzip die industrialisierten Länder mit der höchsten Schadstoffproduktion – wir! – die eigenen Bedürfnisse neu überdenken und die Komfortansprüche reduzieren. Somit hat die heutige Energiefrage im Sinne von nachhaltiger Vorsorge und ethischer Verantwortung mit einer persönlichen inneren Einstellung zu tun.

Statistisch gesehen werden 50 Prozent des Gesamtenergieverbrauchs in Industrieländern durch Gebäude verursacht. Dies fordert eine Verantwortung im Bauwesen und in der Architektur, in der bis heute die Themenkreise um die

Nachhaltigkeit unterschätzt werden. Somit ist die energetische Effizienz im Bau eine neue Aufgabe der Architekten, ohne dabei die kulturelle Relevanz zu vernachlässigen. Bei der Planung soll energetisch gesehen der gesamte Lebenszyklus eines Gebäudes betrachtet werden. Die im Vergleich zur Betriebsenergie immer grössere Bedeutung anderer Energieanteile wie etwa die graue Energie und die sogenannte Mobilitätsenergie sollte im Entwurf von Anfang an einbezogen werden. Sowohl das Gedankengut der 2000-Watt-Gesellschaft als auch die Notwendigkeit einer raschen Reduktion der CO_2-Emissionen müssen für den Architekten integrierender Bestandteil seines Denkens werden.
Es ist heute ein architektonischer Auftrag, die wesentlichen Zusammenhänge der Nachhaltigkeit und der Energieeffizienz zu erkennen, diese systematisch aufzuarbeiten und pragmatische Ansätze zum Erreichen einer ganzheitlich gedachten Architektur zu erarbeiten.

EIN ENTWURFSGENERIERENDER FAKTOR
Die totale Verfügbarkeit von Produkten und Ressourcen in den Industriestaaten hat die Architektur zunehmend in eine architektonische Extravaganz, stilistisch gesehen in eine neoeklektizistische Formensprache geführt. Eine für das künftige Bauen unumgängliche Realität, nämlich die des energieeffizienten, nachhaltigen Bauens kann als Chance für einen entwurfsgenerierenden Faktor genutzt werden. Der Entwurf soll auf die kulturellen und klimatischen Bedingungen eingehen.
Dabei sollen Architekten nachhaltige Systeme von Projektbeginn an mit projektspezifischen Fachplanern interdisziplinär entwickeln und umsetzen. Nachhaltig leben zu können heisst, eine drastische Reduktion unserer Raum- und Flächenbedürfnisse wie auch unserer Mobilitätsphobie in Kauf zu nehmen. Um dem Anspruch der ganzheitlichen Betrachtung gerecht zu werden, darf und muss eine Überprüfung, Anpassung und sogar Innovation des Programms Bestandteil des Entwurfs werden. Neue Wohn- und Arbeitsformen rufen nach innovativen Typologien. Es soll eine sinnvolle programmatische und ganzheitliche Vernetzung der Räume stattfinden. Kommunikation innerhalb des Hauses sowie sozialer Austausch mit der Umgebung sollen dadurch erleichtert und gefördert werden. Die Suche nach einem programmatischen *und* energetisch sinnvollen Gesamtsystem im Dienst der Gesellschaft wird zum entwurfsrelevanten Faktor.

Lernen und Wissenstransfer von heissen Ländern: Maq'ad (Loggia) als sozialer Treffpunkt. Oben: Ali Labib, Kairo. Unten: Haus Hitzlisberg, Luzern, Deon Architekten.

KLIMARELEVANTE PARAMETER IN ALLEN MASSSTÄBEN EINBEZIEHEN

Steigende Temperaturen, veränderte Vegetation und zunehmend extreme Wetterlagen – die Folgen des Klimawandels lassen sich nicht leugnen. Wie müssen unsere Städte und Gebäude organisiert werden, um diesen neuen Herausforderungen gerecht zu werden? Sorgten sich die Architekten in unseren Breitengraden früher in erster Linie darum, Städte und Gebäude warm zu halten, wird zukünftig das Kühlen auch in unserem Kontinentalklima verstärkt in den Fokus rücken. Lernen kann man dabei von den nordafrikanischen Ländern, die sich seit jeher mit der Thematik des Kühlens beschäftigen. Dabei können viele Anregungen aus heissen Ländern für die Schweiz adaptiert werden. Dies gilt sowohl bei der Planung von Einzelbauten wie auch für grossmassstäbliche Konzeptionen ganzer Städte.

VEGETATION UND WINDKÜHLUNG

Seit einigen Jahren bin ich Diplomexperte an unserer Partnerschule MIU in Kairo.[1] Hier ist die Ausbildung in Landschaftsarchitektur ein integraler Baustein der Architekturausbildung. Die Projektaufgaben bestehen nur zur Hälfte aus der Planung von Gebäuden. Die andere Hälfte besteht darin, die Bauten mit Vegetation zu ergänzen, respektive die Freiräume sinnvoll so zu begrünen, dass Natur und Architektur eine symbiotische Verbindung eingehen. Für ägyptische Studierende der Architektur ist es selbstverständlich, die ortsspezifische Vegetation in ihre städtebauliche und architektonische Planung einzubeziehen. Sie haben gelernt, dass das Leben in begrünten Städten schöner, gesünder und frischer ist, als sie es im trockenen, verstaubten Alltag ihrer Metropole erleben.

An der MIU in Kairo ist das Einbeziehen der Vegetation ein integraler Bestandteil der Architektur (FS 2019).

Klimarelevante Parameter im Städtebau sind primär, auf eine gute städtische Durchlüftung durch Seen, Flüsse und Strassen zu achten, um dadurch Wärmeinseln zu vermeiden. Auch begrünte Fassaden und Dächer sowie öffentliche Grünflächen verbessern das Mikroklima und die Luftqualität, indem sie Feinstaub binden und herausfiltern. Der Central Park ist ein historisches Beispiel dafür, dass die Verwalter der Stadt seit 1859 das Potential einer grünen Lunge schon sehr früh erkannt haben. Immerhin nimmt der Park sechs Prozent der Fläche Manhattans ein und darf nicht überbaut werden. Schon Mitte des 19. Jahrhunderts wurden somit die kulturelle Stellung der Stadt und die Gesundheit der Bewohner höher gewichtet als der damals bereits enorme monetäre Wert des potentiellen Baulandes.

1
Misr International University,
Kairo.

Beispiele für vegetativ motivierte Architektur finden sich auch in Europa. Die Mailänder Wohntürme Bosco Verticale (2014) von Stefano Boeri sind ein gelungenes Beispiel, wie die begrünten Fassaden eines Hochhauses das Mikroklima der städtischen Umgebung positiv beeinflussen. Anmutend ist, dass neben der Flora auch die Fauna mitten in die Stadt einzieht und mittlerweile einige grössere Raubvögel den Turm umkreisen.

Masdar City, Strassen als Windkanäle zur städtischen Durchlüftung.

KÜHLUNG DURCH EIGENVERSCHATTUNG

Die Wüstenstadt Masdar City bei Abu Dhabi in den Arabischen Emiraten wurde 2008 durch Sir Norman Foster nach energetischen Gesichtspunkten entworfen. Ausgerechnet in einem der ölreichsten Länder der Welt entsteht eine Ökostadt. Masdar City wird die erste Stadt der Welt sein, die ausschliesslich mit Sonnen- und Windenergie versorgt wird und keinerlei Abfälle produziert. Im Winter merkt man den Temperaturunterschied noch nicht so stark, im Hochsommer jedoch herrscht in der Ökostadt ein wesentlich angenehmeres Mikroklima als andernorts im Emirat. Durch eine Mischung aus traditionellen arabischen Bauweisen (Lehmbau, Windtürme) und modernster Technologie (Beton, Fotovoltaik) soll die Stadt dazu einladen, viel Zeit im Freien zu verbringen. Die Gebäudeabstände sind so konzipiert, dass sich die Gebäude gegenseitig Schatten spenden. Enge Gassen werden zu Windkanälen, in denen man eine angenehme Brise spürt. Die Gebäude in Masdar City sind mit einer dicken Dämmschicht gegen die Wärme geschützt. Fensterflächen, die mehr Wärme durchlassen würden, sind auf ein Minimum reduziert. Fassaden sind in Variationen mit tiefen Laibungen oder Auskragungen so konzipiert, dass die Fenster im Schatten liegen.

Eigenverschattung durch enge Gebäudeabstände und auskragende Gebäudeteile in Masdar City, Abu Dhabi.

REGULIERUNG DER TEMPERATUR UND FEUCHTIGKEIT DURCH TRÄGHEIT

In Städten ist es wichtig, die Versiegelung des Bodens zu minimieren. 70 bis 90 Prozent der Niederschläge werden von der Vegetation aufgefangen und durch Verdunstung an die kühlende Stadtluft abgegeben. Massive Umgebungsmaterialien regulieren zudem durch ihre thermische Trägheit den Wärme- respektive Kältehaushalt in und um den Gebäuden. Befindet man sich zum Beispiel bei hoher Aussentemperatur zwischen zwei Lehmbauten, ist die empfundene Temperatur beträchtlich niedriger als diejenige der übrigen Umgebung. Die subjektiv wahrgenommene Behaglichkeit hängt nebst der relativen Feuchtigkeit und Temperatur auch von der Oberflächentemperatur der umgebenden Flächen ab. Deshalb mögen wir Strahlungswärme eines Ofens oder Feuer sowie die kühlende Wirkung von Wasser oder einem Baum.

KLIMARELEVANTE PARAMETER BEI GEBÄUDEN EINPLANEN

Bei einem Gebäude kann die Architektin für angenehme Temperaturen sorgen, indem sie die klimarelevanten Parameter kennt und anwendet. Die Masse eines Gebäudes, seine Kompaktheit sowie seine Ausrichtung wirken sich erheblich auf das Raumklima aus. Orientierte man noch vor wenigen Jahren Wohnhäuser bevorzugt mit grossen Fensterflächen nach Süden, wird man in Zukunft den Fensteranteil und dessen Ausrichtung überdenken müssen. Effiziente und nutzergerechte Verschattung sowie eine intelligente und messbare Aktivierung der Nachtauskühlung, bei der die innere Überschusswärme über gesteuerte Lüftungsklappen entweichen kann, werden an Relevanz zunehmen. Balkone und Terrassen werden in unseren Breitengraden an Bedeutung gewinnen und sollten als Teil der natürlichen Durchlüftung in die Planung des Raumklimas integriert werden.

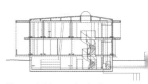

Massenaktivierung durch die Betondecke und Nachtauskühlung durch Lüftungsschlitze, Medienhaus in Marburg, Deon Architekten.

ENERGIEEFFIZIENTE VERSCHATTUNG BEI HOHEM GLASANTEIL

Der Hauptsitz der Stiftung Marburger Medien (2007–2008) ist eines der ersten Nullenergiehäuser Deutschlands. Offenheit und Transparenz waren als Firmenleitbild Teil des Programms, Arbeiten in den Baumkronen hat der Architekt als atmosphärische Vision dazugegeben. Der Entwurf fällt somit sehr gläsern aus, eine spannende Ausgangslage, um Energieeffizienz als Formgenerator durchzuexerzieren. Ein interdisziplinäres Fachplanerteam von der Hochschule Luzern hat mittels Berechnungen und Simulationen ein Gebäude geplant, das die für den Betrieb benötigte Energie selbst produziert. Bei einem sehr hohen Glasanteil von 85 Prozent kann das Tageslicht weit in die Innenräume dringen. Dabei kann tagsüber das Kunstlicht an den Arbeitsplätzen stark reduziert, wenn nicht sogar gänzlich weggelassen werden. Bei Verwaltungsbauten und Büros ist die Reduzierung des Kunstlichtverbrauchs eine effiziente Energiesparmassnahme. Anders verhält sich dies bei Wohnbauten, da dort tagsüber meistens wenig Kunstlicht gebraucht wird.

Effiziente und nutzergerechte Verschattung. Der luftdurchflutete Raum zwischen innen und aussen wird zum Arbeitsbereich im Freien, Medienhaus in Marburg, Deon Architekten.

Je nach Tageszeit und Saison verändert sich das äussere Erscheinungsbild des Gebäudes. Ohne textilen äusseren Sonnenschutz erscheint es als strukturierter Platten-Stützen-Skelettbau. Während des Tages verwandelt sich das Gebäude je nach Sonnenverlauf zu einem plastisch geformten textilen Volumen. Die horizontalen auskragenden Platten dienen als fester Sonnenschutz bei steiler Sonneneinstrahlung. Zudem vergrössern sie virtuell den Innenraum und dienen gleichzeitig auch als Putzsteg für die Aussenreinigung der raumhohen Verglasungen.

Der horizontale Sonnenschutz wirkt von innen gesehen als virtuelle Raumvergrösserung, Medienhaus in Marburg.

Der vertikale textile Sonnenschutz liegt in unterschiedlichen Abständen zu der thermischen Fassade. Der Zwischenraum lässt kühlende Luftverwirbelungen zu und schafft verschattete Arbeitsplätze im Freien. Die technisch bedingten, zweigeschossigen Führungsseile des textilen Sonnenschutzes hinterlassen einen poetischen «optischen Klang» und erinnern an eine überdimensionale Harfe. Energieeffizienz und Technik werden zu Poesie.

DEN NATÜRLICHEN WINDSOG NUTZEN

«Gott hat an jedem Ort die Materialien geschaffen, die dafür nötig sind, die Widrigkeiten der Umgebung zu meistern. Die Brillanz eines Architekten liegt darin, die vorhandenen Materialien bestmöglich einzusetzen.»[2] Der ägyptische Architekt Hassan Fathy (1900–1989), der für seine Bauten aus Lehmziegeln bekannt ist, wurde mit dem Alternativen Nobelpreis für das Verwenden natürlicher Energie in der vernakulären Architektur ausgezeichnet. Mit seiner Publikation *Architecture for the Poor* (1973) zeigt Fathy, dass Architektur nicht nur eine Disziplin für Reiche ist, die sich mit kostspieliger Architektur verwirklichen. Er beweist, wie gute Architektur auch ohne «moderne» Baumaterialien wie Stahl und Beton, sondern mit traditionellen Techniken und Methoden gebaut werden kann. In seiner 1943 errichteten Siedlung New Gourna bei Luxor im ruralen Ägypten verwendet Fathy getrocknete Lehmziegel. Bei dieser von den Nubiern übernommenen Bauart werden schattenspendende Höfe als «Low-Tech-Klimaanlagen» eingesetzt. Dabei wird der kühlende Nordostwind des Landes durch einen Badgir (Windturm) «eingefangen» und in den Hof umgelenkt. Hier wird die frische Luft durch einen Wasserbrunnen im Hof befeuchtet und gereinigt. Im Windsog stehende Vasen mit Rosmarin oder Pfefferminze verleihen der Luft zusätzlich einen erfrischenden Duft. Im Verlauf des Tages steigt die sich erwärmende Luft durch Thermik in die Höhe und entweicht über eine Laterne am höchsten Punkt des Hauses.

Traditionelle Kühlung durch Windtürme und Thermik im arabischen Haus.
Oben: Zeichnungen Hassan Fathy, Kairo 1985.
Unten: Innenhof, Ali Labib, Kairo.

RESSOURCENSCHONENDE MATERIALIEN

Bei der Wahl von Baumaterialien sind deren Ursprung und Recycelbarkeit relevant. Werden exotische Materialien aus der Ferne gewählt, sind diese schon wegen des Transports durch hohe graue Energiewerte belastet. Somit ist es energetisch ratsam, möglichst lokale Materialien zu verwenden. Das den Raum

2
Hassan Fathy, *Architecture for the poor: an experiment in Rural Egypt*, Chicago 1973.

umgebende Material hat einen direkten Einfluss auf die Raumtemperaturen und
somit auf die Behaglichkeit. Massivbauwände eignen sich dank ihrer Trägheit
und hohen Speicherfähigkeit sehr gut zur Regulierung des Raumklimas. Der Einsatz von Dämmung muss hinsichtlich Eigenschaften, Materialstärke und Lage im
Gesamtsystem des Gebäudes neu bewertet werden.

SYSTEMTRENNUNG VON ROHBAU UND TECHNISCHEN INSTALLATIONEN

Konstruktiv sollte aus Gründen der Recycelbarkeit im Trennsystem geplant und
gebaut werden. Installiert man zum Beispiel technische Installationen auf Putz,
können alte Leitungen einfacher nach ihrer spezifischen Lebensdauer ausgetauscht
werden. Andererseits lassen sich die verschiedenen Materialien beim Rückbau
besser voneinander trennen und müssen nicht als Sondermüll entsorgt werden.
Das Trennsystem ist auch bei der Wohnüberbauung Grossmatte in Luzern-Littau
angewendet worden. Die Grundrisstypologie ist so konzipiert, dass die auf Putz
geführten technischen Installationen nur im Eingangsbereich konzentriert und
von dort aus radial in die ganze Wohnung verteilt werden.

DER RAUM ALS LUFTKANAL: VON DER EFFIZIENZ ZUR EFFEKTIVITÄT

Gemäss Definition heisst Effizienz «die Dinge richtig tun». Energieeffizientes Denken
und Planen sowie die damit verbundenen Folgen können am Beispiel des Innovationscenters Nolax House in Sempach-Station exemplarisch aufgezeigt werden.
Um einen Ort zu schaffen, wo Innovation entsteht, muss als Erstes die Nutzungsprogrammierung geklärt werden. In Sempach wird ein Gebäude mit hybrider
Nutzung vorgeschlagen. Das Raumkonzept erleichtert das geplante Zusammenkommen von unterschiedlichen Berufen und ermöglicht zufällige Begegnungen
im Arbeitstag. Die Architektur generiert somit Orte, an denen gute Ideen
entstehen können.
Die Nutzungsvielfalt erfordert gleichzeitig unterschiedliche Spezifikationen von
Raum und Technik. Alle technischen Entscheide haben auf das Haustechnikkonzept, die Räume und deren Nutzer einen direkten Einfluss.
Die verschiedenen Nutzungen weisen grosse Unterschiede in der benötigten
Luftmenge auf: Die Büros werden mit zweifachem, die Werkstätten mit vierfachem und die Labors sogar mit achtfachem Luftwechsel versorgt, das heisst mit
achtmal so viel Luftmenge wie das Raumvolumen selbst. Dies erfordert sehr
grosse vertikale und horizontale Luftkanäle. Diese wiederum nehmen viel Platz
in den Wänden und Decken ein, was wiederum den Nutzungsraum einschränkt.
Ausserdem haben technisch bedingte Schächte eine verringerte nachhaltige Nutzungsflexibilität zur Folge, da sie nicht so einfach verschoben werden können.

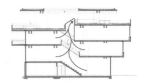

Ein effektiver Ansatz bedeutet auch hier, «die richtigen Dinge [zu] tun». Folglich werden in diesem Fall als Erstes die Technikräume an den passenden Standort gesetzt: eine Zentrale in der Erde für die unterirdisch verlegten Installationen wie Wasser und Elektro sowie eine zweite Zentrale in der Luft, um eine direkte und saubere Zuluft anzusaugen. Die Zentralen werden so dank direkter Anbindung an den Aussenraum ohne Zubringerkanäle gespeist. Gleichzeitig sind ihre Standorte so gewählt, dass die Nutzungsräume, welche die grössten Kanäle bräuchten, in unmittelbarer Nähe der Zentralen liegen. So vermeidet man schon durch den Standort der Zentralen gänzlich lange Zuleitungen. Um auch die Büroräume zu erreichen, die nicht direkt an den Zentralen liegen, wird eine Kaskadenlüftung angewendet. Die Abluft wird durch einen atriumartigen Kamin am obersten Punkt abgesaugt, nachdem die überschüssige Luft kaskadenförmig durch die Büros gezogen wurde. So kann man auf komplizierte Installationen verzichten, indem der Raum selbst zum Luftkanal wird. Erst bei genauerem Betrachten sieht man einen reinen, plastisch geformten Innenraum ohne jegliche technischen Installationen.

Nolax House, Sempach-Station, 2014–2018, Deon Architekten.

Dieses Beispiel zeigt, wie energetische Themen nicht nur raumrelevant, sondern auch raumgenerierend sein können. Es liegt allein im Ermessen des Architekten, die Herausforderung anzunehmen, Dinge «richtig» zu machen und das für die Architektur Relevante im Dienste der (Nutzer und der) Gesellschaft umzusetzen.

ARCHITEKTURMODELL UND SKULPTUR: EINE METHODISCHE VERWANDTSCHAFT

YVES DUSSEILLER

Architekturmodell und Skulptur sind durch ihre Drei-
dimensionalität im Raum physisch erlebbar.
Der Essay behandelt die Gegenüberstellung vom räumlich-
architektonischen Entwurfsprozess mit Modellen
und skulptural-plastischen Ideen- und Formfindungsprozess in der Bildhauerei.

ABSTRAKTION UND DETAILLIERUNG

Durch die Beschäftigung mit Constantin Brancusi und Eduardo Chillida, für mich
zwei der wichtigsten Bildhauer des 20. Jahrhunderts, wurde mir bewusst, wie
kunstvoll Kykladenidole aus der Jungsteinzeit sind. Ein solches Idol befindet sich
auch im Museum Allerheiligen in Schaffhausen, wo ich es bereits als Kind gesehen habe. Es ist etwa 30 Zentimeter hoch, aus Marmor gearbeitet und stellt in
recht abstrakter Form eine menschliche Figur dar, der genaue Verwendungs-
zweck ist nicht eindeutig geklärt. Es scheint, als ob in dieser Figur das Menschsein
in seinem ganzen Umfang stärker zum Ausdruck kommt, als es eine detaillierte
naturalistische Darstellung in dieser Grösse tun könnte. Die Langsamkeit, mit
der die Kykladenidole hergestellt wurden, und die Beschränkung durch die
verfügbaren Werkzeuge haben die Qualität dieser Skulpturen nicht gemindert,
sondern erhöht. Untereinander unterscheiden sich diese Idole nur in Nuancen,
vergleichbar zu historischen Bauteilen in der Architektur. Das Beispiel des Kykla-
denidols zeigt auch, dass Abstraktion nicht eine Erfindung der Moderne war,
sondern seit jeher immer als Gegenpol zur detailliert naturalistischen Darstellung
verwendet wurde. Totale Abstraktion in der Skulptur und in der Architektur ist
meines Erachtens problematisch. Sie führt dazu, dass ein Raum als leblos empfun-
den wird oder eine Skulptur nur mit kunsttheoretischer Erklärung verstanden
werden kann. Eine durch Abstraktion erzeugte Unschärfe hat hingegen grosses
Potential für den Entwurfsprozess. Die unscharfe Darstellung lässt verschiedene
Entwicklungs- und Interpretationsmöglichkeiten offen, wenn man erst eine vage
Vermutung hat, wie etwas werden soll.

Kykladenidol, um 2600 v. Chr.,
Museum zu Allerheiligen
Schaffhausen, Sammlung Ebnöther.

←
Eduardo Chillida, *Monumento
à la Tolerancia*, 1992, Beton, Sevilla.

Im Fach Konstruktives Entwerfen an der Hochschule Luzern haben die Studierenden geometrisch vergleichbare Elemente als Lukarnen für das alte Zeughaus
Luzern in der Dachfläche vorgeschlagen, um den mächtigen Krüppelwalmdach-
stock besser zu belichten und nutzbar zu machen. Wir haben dafür mit einem
Modell im Massstab 1:200 gearbeitet, detaillierte Lukarnenformen waren in
diesem Massstab kaum möglich.

Neue Lukarnen auf dem Dach des
alten Zeughauses Luzern.
Studierende: Corsin Niggli und
Beat Hess, Konstruktives Entwerfen, HSLU, 2014.

MASSSTAB UND PROPORTIONALES SEHEN

Eine wesentliche Eigenschaft von Architekturmodellen ist, dass wir ein Gebäude
in einem proportional verschobenen Massstab betrachten. Diese Verkleinerung
zwingt zum Weglassen, was für das Herausschälen relevanter Qualitäten sehr
hilfreich ist. Unterschiedliche Massstäbe haben verschiedene Themen. Die
Entwicklung vom kleinen Massstab des Modells zum realen Detail verläuft
nicht linear, dieser Prozess sollte vielmehr parallel erfolgen, um in der Summe
zu einem guten Entwurf und Bauwerk zu führen. Es ist wichtig, die Relation zum
Massstab 1:1 im Auge zu behalten und den Vergleich zu Referenzräumen miteinzubeziehen, wo man die Raumproportionen und die Raumatmosphäre aus
eigener Erfahrung kennt.

In der Bildhauerei wird die Wahl des Massstabs von anderen Faktoren bestimmt,
es ist meistens eine inhaltliche Frage. Der kleine Massstab einer figürlichen Plastik
kann gegenüber einem Monumentalmassstab Vorteile haben, wie zum Beispiel
bei der *Leda* von Aristide Maillol. Diese sitzende Frauenfigur, zugleich verführe-
risch und mit abweisender Handgeste und abgewandtem Kopf, wirkt mit ihren
knapp 30 Zentimetern Höhe intimer und stärker, als dies bei einer lebensgrossen
Ausführung der Fall wäre. Sie gilt als eines der Schlüsselwerke von Maillol.

In der Skulptur scheint es einen dem Werk angemessenen Massstab zu geben.
Interessant ist, in welcher Grösse ein Thema gut im Modell oder als Bozzetto[1]
entwickelt werden kann. Alberto Giacometti hat zunächst sehr kleinformatige
Figuren ausgeführt und diese erst dann vergrössert, wenn er sich seiner Sache
sicherer war. Das kleine Format hat den Vorteil der Unverbindlichkeit: Material
kostet nicht viel, ausserdem steht man weniger unter Erwartungsdruck, dass
etwas auf Anhieb gelingen muss, es hat etwas Spielerisches. Die Grösse von

Aristide Maillol, *Leda*,
um 1900–1902, Terrakotta,
Höhe 27,9 cm, Paris, Musée Maillol.

1
Ein Bozzetto (italienisch für
«Skizze, Entwurf») ist ein erstes,
skizzenhaftes Modell für eine
Figur oder eine Plastik. Bozzetti
bestehen aus leicht zu
bearbeitenden Materialien,
gewöhnlich aus Ton, Gips oder
Wachs, seltener aus Holz.

Modellen und Bozzetti steht auch in Beziehung zu unserer Körpergrösse, zu unseren Händen, zu unserer Kraft und unserer Wahrnehmung. Eine Mindestgrösse ist vorteilhaft, damit ein gewisser Differenzierungsgrad möglich ist, Details angedeutet werden können und ein gewisser Reichtum auf der Oberfläche möglich ist. Im Falle Giacomettis waren es auch die Abmessungen der Tür seines Pariser Ateliers, die die maximale Grösse wie zum Beispiel beim *Schreitenden* vorgegeben haben, diese Einschränkung hat seinem Werk nicht geschadet.

In der Bildhauerei ist die Unterscheidung wichtig, ob man eine Figur entwirft und das finale Werk dann in einem anderen Massstab und in einem anderen Material ausführt oder produzieren lässt oder die sogenannte «taille directe». Dabei führt man das Werk direkt im Originalmassstab im endgültigen Material mit den bevorzugten Werkzeugen aus. Der irreversible Charakter dieser Arbeitsweise erfordert eine entsprechende Konzentration auf die Arbeit, ein abgehauenes Stück Stein ist für immer verloren. Constantin Brancusi hat gerne so gearbeitet, sein Werk *Maïastra* ist ein schönes Beispiel dafür und ein Schlüsselwerk in der Skulptur der Moderne.

Eduardo Chillida hat eine interessante Entwurfstechnik für seine Monumentalprojekte aus Stahl entwickelt. Er arbeitete mit circa 20 bis 40 Zentimeter grossen Stahlmodellen und benutzte das gleiche harte Material für Modell und Kunstwerk. Unter Hitze bearbeiteter Stahl generiert eine spezifische materialtypische Form im Detail, in einem Modell aus Gips oder Ton wäre das nicht materialtypisch simulierbar. Die Beurteilung dieser Projekte in den kleinen Modellen ist erstaunlich gut möglich, sie sind auch für sich genommen schon sehr schöne Kleinskulpturen.[2]

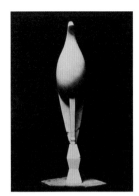

Constantin Brancusi, *Maïastra*, um 1915, Marmor, Höhe 60,9 cm, Fotografie: Constantin Brancusi, Bromsilberabzug auf Papier Bildmass: 23,8 × 17,8 cm, Kunsthaus Zürich, Fotosammlung, Geschenk in memoriam Carola Giedion-Welcker, 1986.

2
Eduardo Chillida. Architekt der Leere, hg. von Alexander Klar, Ausst.-Kat. Museum Wiesbaden, 16. November 2018–10. März 2019, Köln 2018; permanent ausgestellt im Museo Chillida Leku in Hernani, Spanien, Besitz: Familie Chillida-Belzunce.

Eduardo Chillida, *Esertorki IV/V*, Stahl, 17,5 × 46,5 × 20 cm und 18 × 47 × 20 cm, 1992, Privatsammlung Familie Chillida-Belzunce.

TEMPO UND WIDERSTAND

Jedes Material hat seine charakteristischen Bearbeitungseigenschaften und so auch sein eigenes Formenpotential. Manche Materialien wie Ton und Gips können mit einfachen Werkzeugen sehr schnell bearbeitet werden, andere wie Stein und Stahl haben einen grösseren Widerstand, was auch ein Vorteil sein kann. Dadurch verlangsamt sich der Prozess, und der Konkretisierungsprozess wird nicht hektisch vorangetrieben. Das Problem mit dem Tempo besteht darin, dass die Seele nicht Schritt hält – sie ist eher langsam. Die langsamere Entstehung ist vielleicht eine Erklärung für die Qualität vorindustrieller Architektur, die wir so heute kaum noch erreichen. Dem traditionellen Handwerk wohnt diese Langsamkeit im Entstehungsprozess inne.

Claude Monet, *Das Manneporte bei Étretat*, Öl auf Leinwand, 1883, 65,4 × 81,3 cm, New York, The Metropolitan Museum of Art, Bequest of William Church Osborn, 1951.

Welche Atmosphäre in einem Raum oder an einem Ort herrscht, wie der Lichteinfall ein Material wirken lässt, unsere Haut erwärmt, die Qualität der Luft, eine Geräuschkulisse und Gerüche unsere Sinne stimulieren, all das lässt sich im Gemälde *Das Manneporte bei Étretat* von Claude Monet nachvollziehen. Um diese subtileren Qualitäten wahrnehmen zu können, ist ein längerer Aufenthalt in einem Raum oder an einem Ort nötig – hierfür braucht es Zeit und Sensitivität in der Wahrnehmung.

Verschiedene Materialien haben auch verschiedene technische Eigenschaften, auf die ich an dieser Stelle aber nicht näher eingehen möchte, dazu wurde schon intensiv geforscht und publiziert. Neben ästhetischen Qualitäten scheinen mir assoziative Eigenschaften von Materialien interessant. Wir alle tragen in uns Erfahrungen, die mit bestimmten Materialien, Orten, Menschen und Gefühlssituationen verbunden sind. Mit der Wahl eines Materials können wir auf solche Erinnerungen verweisen und so auch eine bestimmte emotionale Stimmung generieren. So verbinden wir beispielsweise eine makellos gehobelte Oberfläche aus französischem Nussbaum mit etwas ganz anderem als ein sägerohes Brett aus Weisstanne.

Yves Dusseiller, Bett Tekton, französischer Nussbaum, geölt, 2002.

RÄUMLICH SKIZZIEREN

Die Fähigkeit, skizzieren und zeichnen zu können, gehört zu den elementaren Kompetenzen, die man entwickeln muss, wenn man räumlich-plastisch arbeiten will – zumindest, wenn man es gut machen will. Alle Bildhauer und Architekten, für die ich grosse Bewunderung habe, sind respektive waren auch gute Zeichner. Beim Skizzieren geht es um die Herausforderung, vor einem leeren Blatt Papier sitzend – mit all seinen Gedanken, inneren Impulsen, Erinnerungen und Ideen – in Handlung zu treten: mit einem Bleistift eine Linie zu zeichnen und so die ersten Schritte zu machen hin zu etwas, das räumlich werden kann. Die Zeichnung selbst hat auch schon einen Wert an sich.

Einige Bildhauer skizzieren direkt räumlich-plastisch, wie zum Beispiel Auguste Rodin bei seinem Tonmodell für das *Höllentor* oder auch Hans Josephson, der in unzähligen kleinen Tonskizzen erste Ideen für seine Reliefs festgehalten hat. Diese waren nicht zum Verkauf beziehungsweise für den Kunstmarkt gedacht, es sind räumlich-plastische Skizzen. Sie sind sehr aufschlussreich, wenn man sich an Hans Josephsons Gedankenwelt herantasten will. Das Kesselhaus der Galerie Lehner in St. Gallen verfügt über grosse Bestände dieser Tonskizzen, die jedoch für die Öffentlichkeit in der Regel nicht zugänglich sind.[3]

Wo liegt der wesentliche Unterschied zur bildlichen Architekturdarstellung? Ein physisch reales Objekt wie ein Architekturmodell oder eine Skulptur betrachten wir aus unterschiedlichen Blickwinkeln und aus unterschiedlicher Distanz. Zu den drei Raumdimensionen kommt die Zeit als weitere Dimension hinzu, wir setzen eine Vielzahl von Wahrnehmungseindrücken in unserem Gehirn zu einem Gesamteindruck zusammen.[4] Wie Licht auf eine Oberfläche trifft und einen Raum beleuchtet, wie ein Material bei der direkten Begegnung wirkt, dieser Detailreichtum ist schwierig zu beschreiben.

Auguste Rodin, drittes Architekturmodell für das Höllentor, um 1881–1882, Ton, 100,3 × 62,9 × 17,1 cm, USA, Philadelphia Museum of Art.

WAHL DER WERKZEUGE

Früher glaubte ich, man bräuchte möglichst viele hochwertige Werkzeuge und Maschinen, um gute Werke realisieren zu können. Das ist nicht ganz falsch, gilt aber eher für kunsthandwerkliches Arbeiten und ein Stück weit auch für hochwertige Präsentationsmodelle in der Architektur. Für die Skulptur gilt das nicht zwingend. Ich bevorzuge gutes Werkzeug, es sind aber nur einige wenige Werkzeuge, die ich fast immer benutze und die für mich ein bisschen wie «good old friends» sind.

3
Kesselhaus Josephson, Galerie und Lager für den Nachlass von Hans Josephson, St. Gallen. Ich kenne die Tonskizzen von einem Besuch im Rahmen des *Symposiums Gestundete Zeit – 100 Jahre Hans Josephson*, 21.–23. November 2019.

4
Yves Dusseiller, *Das aperspektivische Modell*, Studienarbeit am Architekturdepartement der ETH Zürich, 2001.

Bei der Umsetzung von grösseren Werken stellen sich andere Fragen: Was kann man im eigenen Atelier oder in den hochschuleigenen Werkstätten selbst herstellen, und was soll projektspezifisch extern ausgeführt werden? Je spezialisierter und teurer eine Produktionsart ist, desto weniger muss man selbst über diese Infrastruktur verfügen. Den inhaltlichen Formgebungsprozess selbst zu überwachen, wie es Tony Cragg in seinem Atelier in Wuppertal mit Assistierenden macht, hat in qualitativer Hinsicht natürlich viele Vorteile. Man muss dafür aber entsprechend gut strukturiert und stabil finanziert sein.

Im Architekturmodellbau kommt man mit einer Feinbandsäge, einer präzisen Kreissäge und einem Tellerschleifer schon sehr weit. Gute schwere Gebrauchtmaschinen sind meistens die bessere Wahl bei limitiertem Budget. Digitale Maschinen sind eine wertvolle Erweiterung, für mich aber nur in der Projektumsetzung relevant und nicht im inhaltlichen Formfindungsprozess. Es gibt zeitgenössische Bildhauer, die ihre Skulpturen rein digital entwickeln, wie zum Beispiel der spanische Bildhauer Jaume Plensa, er selbst rührt kein Material mehr an.[5] Seine grossen Frauenköpfe werden nach realen Modellen, meist im Adoleszenzalter, in 3D gescannt und dann digital bearbeitet. Die proportionalen Verzerrungen führen zu einer Entpersonalisierung, sie behalten aber noch etwas Spezifisches und Ephemeres. Als erste physische Skulpturen entstehen circa 80 Zentimeter grosse Studienmodelle, meist als Kleinserien aus Bronze, bevor er die Skulptur für einen spezifischen Kontext als Monumentalausführung in Stahl, Marmor, Stahlgitter oder auch Kunststoff mit Marmormehlanstrich ausführen lässt. Er arbeitet hierfür mit den gleichen Firmen, die auch anspruchsvolle Architekturprojekte ausführen.

Jan und Caspaar Luiken,
De Timmermann, Blatt-Nr. 62 in:
Het Menselyk Bedryf, 1694,
Niederlande.

Die Digitalisierung hat in der zeitgenössischen Bildhauerei hauptsächlich in Bezug auf Skalierung und ihre Rezeption Änderungen ausgelöst. Man kann ein kleines handgefertigtes Studienmodell heute 3D-scannen und in x-beliebigem Massstab skalieren, in Styropor CNC-fräsen, abformen und giessen. Die Rezeption von Skulptur erfolgt heute oftmals in digitalen Bildwelten mit nur kurzer Betrachtungszeit. Neben inhaltlichen und skulpturalen Qualitäten bei der direkten Begegnung muss sich Skulptur heute auch in dieser Hinsicht behaupten. Gute Skulptur integriert auch das Unkontrollierbare, sei es in Form der Materialwahl oder durch die manuelle Korrektur am digital skalierten Urmodell, wie das der deutsche Künstler Thomas Schütte macht, er arbeitet sehr nahe mit dem Kunstgiesser Rolf Kayser in Düsseldorf zusammen. Durch diese Mischform

Thomas Schütte, Urmodelle
für *United Enemies*, 1992–1994,
Wachs, Textilien, Schnur,
Ausführung skaliert in Bronze,
Höhe ca. 4 m, Installationsansicht
aus der Ausstellung bei
Faggionato Fine Arts, London.

5
*Jaume Plensa – The Artist in
Conversation,* Yorkshire Sculpture
Park, UK, 11. November 2017,
ysp.org.uk/films/
jaume-plensa-2017-artist-talk.

bleibt das menschlich Intuitive und Spontane Teil seiner Kunstwerke. In der Architektur ist die Skalierung vom Modell zum ausgeführten Bauwerk meistens auch mit strukturellen Änderungen verbunden, zeitgenössische Montageprozesse sind dabei ein Schlüsselkriterium.

DIE ENTSTEHUNG VON MODELLTYPOLOGIEN

Für die Entstehung verschiedener Modelltypologien ist die Betrachtung des Ar-beits- und Freundschaftsverhältnisses der beiden italienischen Protagonisten der Frührenaissance, des Bildhauers Donatello und des Architekten Filippo Brunel-leschi, interessant, die den heutigen Umgang mit Modellen in der Architektur massgeblich geprägt haben. Das Thema ist in der Architektur- und Kunstge-schichte intensiv behandelt worden. Besonders hervorheben möchte ich hier das von Bernd Evers herausgegebene Buch *Architekturmodelle der Renaissance*.[6]
Die Differenzierung in verschiedene Modelltypologien und Modellmassstäbe hat in der Renaissance stattgefunden. Das Exemplum, das für ein schwieriges Bau-vorhaben wie beispielsweise eine Kathedrale erst als begehbares Modell gebaut wurde, damit Proportionen, Belichtung, Atmosphäre, Konstruktion, Montage-abläufe und Kosten beurteilt werden konnten, war schon bekannt. Ein Exemplum war die verbindliche Vorlage für den Bau und wurde nach Abschluss der Bau-arbeiten zerstört. Griechische Tempel und Moscheen wurden, soweit bekannt ist, ohne die Hilfe von Modellen errichtet. Einige Kunsthistoriker sehen darin die Erklärung für die grosse Ähnlichkeit der einzelnen Bauwerke untereinander. Reale Bauten waren Vorbild respektive Modell für das nächste Bauvorhaben, das nur leicht variiert ausgeführt wurde.

Brunelleschi hat Donatello in seiner Werkstatt öfters besucht, sie waren be-freundet. Man geht davon aus, dass Brunelleschi sich nicht nur für die fertigen Skulpturen, sondern auch für Donatellos Entwurfsmethoden interessiert und diese für sich in der Architektur adaptiert hat. Es geht hier nicht um eine formale

Filippo Brunelleschi, *novo et ultimo modello*, um 1420, Holzmodell, Massstab 1:60, Florenz, Museo dell'Opera del Duomo.

6
Architekturmodelle der Renaissance: die Harmonie des Bauens von Alberti bis Michelangelo, hg. von Bernd Evers, veränderte deutsche Ausgabe des Kataloges anlässlich der Ausstellung *Architekturmodelle der Renaissance, die Harmonie des Bauens von Alberti bis Michelangelo*, Kunst-bibliothek im Alten Museum, Berlin, 7. Oktober 1995 – 7. Januar 1996, München/New York 1995.

Übersetzung von Skulptur in Architektur, sondern um eine Methode, wie ein neues architektonisch-räumliches oder ein skulptural-plastisches Thema entwickelt werden kann. Brunelleschi arbeitete beim Dom Santa Maria del Fiore von Florenz mit Arbeits-, Präsentations-, Detail- und geheimen Konstruktionsmodellen. Seine geheimen Konstruktionsmodelle existieren heute leider nicht mehr, sondern sind lediglich schriftlich belegt. Die Massstäbe waren noch nicht dieselben, mit denen wir heute in der Architektur üblicherweise arbeiten, die Bildhauerei hat auch heute noch ein freieres Verhältnis zu Massstäben. Für die Arbeitsmodelle arbeitete man in seiner Werkstatt gerne mit einfach und schnell bearbeitbaren vergänglichen Materialien wie Kürbissen und Melonen. Der plastische Formfindungsprozess der Kuppel wurde so ermittelt, danach in Grundriss- und Schnittzeichnung übertragen. Die Arbeitsform kann damit verglichen werden, wie wir heute mit Styropor, Ton und Karton in Arbeitsmodellen arbeiten.

Ein anderer Modelltypus, den Brunelleschi verwendete, sind Holzmodelle, die wir mit Präsentationsmodellen von heute vergleichen können. In beständigerem Material und präziser gefertigt, hat er in diesen eine gelungene Balance gefunden zwischen Abstraktion, Detaillierungsgrad und geeignetem Massstab. Ein weiterer interessanter Modelltypus aus der Werkstatt Brunelleschis sind die Detailmodelle, wie zum Beispiel das der Laterne des Domes in Florenz, und Variantenmodellstudien der Fassade des Tambours. Beim Modell der Laterne lassen sich bildhauerische Details, die Konstruktion der Doppelschalen der Kuppel und die Treppenführung im Zwischenraum ablesen. Bei den Variantenmodellstudien der Fassaden des Tambours stehen verschiedene Steinplattenfügungen im Vordergrund. Diese Modelle sind wesentlich detaillierter ausgearbeitet als das *novo et ultimo modello* der Domkuppel im Massstab 1:60.

Entwerfen mit Modellen ist immer auch eine Frage der Effizienz. Grosse, sehr detaillierte Modelle wie zum Beispiel das Wettbewerbsmodell von Antonio da Sangallo dem Jüngeren für Neu-St. Peter sind sehr zeitaufwendig und kostenintensiv. So beeindruckend sie bei der direkten Betrachtung sind, haben sie auch Nachteile. Wegen ihrer aufwendigen und zeitintensiven Bauzeit können sie den Entwurfsprozess lähmen, als kunsthandwerkliche Leistungen sind sie natürlich beeindruckend.

Constantin Brancusi, Vue d'atelier
avec le Crocodile, um 1925
(Ansicht des Ateliers Brancusi in
Paris, 8, impasse Ronsin).

FOKUS UND GRUNDSTIMMUNG

Wenn Constantin Brancusi sagt, «Es ist nicht schwer die Dinge [Skulpturen] zu machen; was schwierig ist, ist sich in den Geisteszustand zu versetzen, um sie zu machen»,[7] dann liegt darin natürlich sehr viel Wahrheit, die auch für das Entwerfen mit Hilfe von Modellen in der Architektur gilt. Ein Haus zu bauen oder in der Summe unseren Lebensraum zu gestalten, ist nicht nur eine technische, logistische oder ökonomische Aufgabe, es gibt auch tiefergehende Fragen: Wie begegnen wir der Welt, und wie wollen wir auf die aktuellen lokalen und globalen Probleme reagieren?

Elisabeth Frink, *Seated man II,* 1986, Bronze, Yorkshire Sculpture Park, West Bretton UK.

Ein grosser Gewinn bei der Arbeit an einer Skulptur oder an einem Modell ist der Fokus, Relevantes hervorzuheben, Irrelevantes wegzulassen sowie Komplexes und Widersprüchliches zuzulassen, dabei konzentriert auf eine Lösung hin zu arbeiten und die Welt um sich herum ein Stück weit zu vergessen. Viele Architekturhochschulen machen den Fehler, inhaltliche Intensität mit Hektik, Quantität und Aktionismus zu verwechseln. Die Arbeit mit Modellen braucht Zeit und Musse.

Menschen sind und arbeiten verschieden. In den Ateliers von Künstlern wie Veli & Amos oder Fischli/Weiss herrscht immer ein kreatives Chaos. Künstler wie Tony Cragg hingegen arbeiten sehr gut strukturiert und aufgeräumt. Bei Constantin Brancusi war es eine Mischform: Die Skulpturen in seinem Atelier standen zueinander und zum Atelierraum in Beziehung, auch wenn es auf den ersten Blick eher wie ein zufälliges Chaos wirkte. Mit seinem Werkzeug war er aber überaus diszipliniert, wie sein damaliger Assistent, der Bildhauer Isamu Nogushi, berichtete.[8] Was eine Gemeinsamkeit vieler Künstler zu sein scheint, ist, dass man sich in einen bestimmten Gemütszustand versetzen muss, um eine künstlerische Leistung hervorbringen zu können.

7
Zitat von Constantin Brancusi, Ausstellungskatalog, New York, 1925.

8
Isamu Noguchi: sculptural design, hg. von Alexander von Vegesack, Weil am Rhein 2001, hier: Anna C. Chave, Noguchi and Brancusi: Towards a larger definition of sculpture, S. 40.

DIALOG UND VERMITTLUNG

Ich möchte auf einige wenige Aspekte eingehen, die mir in der Vermittlung wichtig sind. Es gibt verschiedene Formen, wie Wissen und Kunstschaffen, insbesondere in der Skulptur, weitergegeben und angeeignet werden können. Die traditionelle Akademie steht für das Erlernen von gutem Handwerk. Für mich ist das Handwerk immer noch eine solide Basis. Interessanterweise haben sich viele Künstler, die ich hoch respektiere, eher schwer getan mit etablierten Bildungsinstitutionen, hatten einen sprunghaften und von Rückschlägen geprägten Werdegang bis zu ihrem Erfolg.

Was für mich zählt, ist, die Welt in all ihren Facetten und Widersprüchlichkeiten unvoreingenommen zu betrachten und einen offenen Dialog mit den Studierenden zu führen, die die Welt für sich entdecken. In dieser Form lernen beide Seiten voneinander und können wachsen. Der jüngere Student oder die jüngere Studentin sind in einer anderen Generation verwurzelt, der Zugang zur Welt ist ein anderer. Sie sind oftmals noch unvoreingenommener, was eine besondere Qualität darstellt. Diese Energie hat in entwerferisch-künstlerischer Hinsicht grossen Wert und macht auch Freude.

Modell *Leuchtturm Horw*, Studierende: Feng Wang und Li Shiyao.

Was ist ein gutes Semester? Man sollte etwas dazugelernt haben. Gute Resultate sind natürlich wünschenswert, es muss sich aber auch positiv angefühlt haben. Eine Verherrlichung des Leidens beim Entwerfen halte ich für Unsinn–klar, es ist Teil eines solchen Prozesses wie auch des Lebens, ohne Intensität geht es nicht. Mir sind die besten Projekte immer relativ leicht von der Hand gegangen, zumindest habe ich das im Rückblick so in Erinnerung. Ich glaube, es geht um weit mehr als um das Erlernen von Fachwissen, Techniken, Methoden und Handlungskompetenzen. Die Studienzeit ist ein Lebensabschnitt, in dem man sich entwickelt, in einem Fachgebiet und auch als Mensch. Wichtig ist herauszufinden, was einem wirklich liegt und was man gerne macht, wie man Leistung erbringen kann mit einem guten Lebensgefühl, wie man berufliche, private Themen und Beziehungen miteinander verbindet, wofür man sich einsetzen und wohin man sich entwickeln will.

Montageprozess *Leuchtturm Horw*, Studierende: Feng Wang und Li Shiyao, HSLU Master Architektur & Material, 2015.

ENTWURFSPROBLEME UND RAUMFRAGEN

DAMARIS BAUMANN, SARAH BIRCHLER

WO BEGINNT DER RAUM ?

DIE SUCHE NACH DER GUTEN FORM

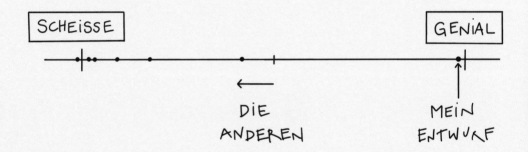

OFFENER RAUM)

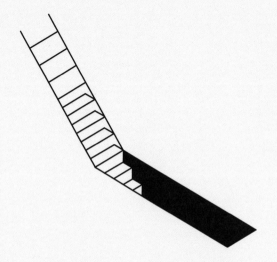

STRUKTUR + MATERIAL

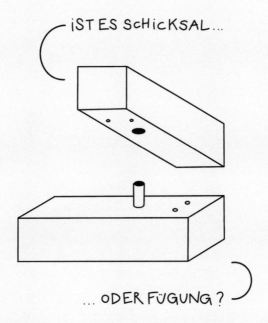

ORIGINAL

KOPIE

REFERENZ

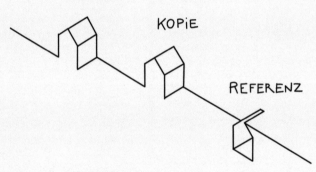

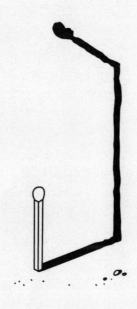

RAUM UND ZEIT

SHIFTING THE VIEW – CHANCEN EINES PERSPEKTIVENWECHSELS

ANGELIKA JUPPIEN

Damit Architektinnen und Architekten einen relevanten Beitrag zur Gestaltung von Räumen leisten können, sollten sie sich auch mit den sozialen Realitäten sowie den Abhängigkeiten von politischen und wirtschaftlichen Entscheidungsstrukturen beschäftigen und Stellung beziehen. Hier liegen die Chancen, Räume so zu denken und gestalterisch zu entwickeln, dass sie den tatsächlichen Lebenswirklichkeiten auch entsprechen.

In aller Regel wird der Entwurf von Gebäuden als wesentliche Kernkompetenz von Architektinnen und Architekten verstanden. Und in der Tat beschäftigt sich die überwiegende Mehrheit mit dem Entwerfen und Detaillieren von Gebäuden sowie mit der Gestaltung von Innen- und Aussenräumen. Und auch die Diskussionen in der Fachpresse, Rezensionen und Publikationen konzentrieren sich vielfach auf Eigenschaften wie etwa Ästhetik, Massstab, Proportionen, Form, Technik und Konstruktion und prägen so den architektonischen Diskurs mit. Prozesshafte, programmatische, ethische und soziale Aspekte der Raumgestaltung sind hingegen in der architektonischen Diskussion eher unterrepräsentiert. Diese Fokussierung auf den konzipierten Raum in Architektur und Städtebau und die damit einhergehende Vernachlässigung der eigenen Rolle bei der Gestaltung sozialer Beziehungen im realen Raum kann allerdings auch begrenzend und einschränkend auf das eigentlich weite Feld der Raumgestaltung wirken, der es unbedingt entgegenzuwirken gilt. Der Journalist und Architekturkritiker Niklas Maak hält denn auch fest: «Kaum etwas erzählt so viel über den Zustand einer Gesellschaft wie ihre Räume: Ihre Wohnzimmer und Möbel, ihre Schlafräume und Kinderzimmer, ihre Gärten, Strassen und Plätze. Schon deswegen lohnt es sich, das Haus, den Platz, die Stadt genauer anzuschauen und die Machtkonstellationen und Interessen zu begreifen, die dort wirken, um zu erkennen, was anders werden könnte, welche neuen Privatheits- und Öffentlichkeitsrituale und

←
Die Arbeit mit der Perspektive des Gebrauchs kann Architektinnen und Architekten weitere Tätigkeitsfelder erschliessen und zu neuen räumlichen Erkenntnissen führen.

Bedürfnisse entstanden sind, und welche neuen Formen dafür entwickelt werden können.»[1] Raumproduktion ist also weit mehr als die Gestaltung eines statischen materiellen Rahmens, in dem das Leben sozusagen unberührt vom Raum statt-findet. Vielmehr geht Raum aus den vielfältigen Beziehungen zwischen den Hand-lungen und Wahrnehmungen der Menschen und der gebauten Umwelt hervor. Raum ist also immer zugleich Resultat als auch Voraussetzung sozialer Praktiken und damit ein gesellschaftliches Produkt. Was heisst das genau und welche Konsequenzen hat diese Raumauffassung für die Arbeit von Architektinnen und Architekten?

RELEVANZ EINES ERWEITERTEN RAUMVERSTÄNDNISSES

Diese oben skizzierte dynamische Raumauffassung hat sich in den letzten Jahr-zehnten in verschiedenen Wissenschaftsdisziplinen etabliert. Vor allem der fran-zösische Philosoph und Querdenker Henry Lefebvre hat die Debatte über Raum neu entfacht, indem er eine allgemeine Theorie zum Verhältnis von Raum und Gesellschaft entwickelte und sich gegen die verbreitete Vorstellung aussprach, dass Raum per se gegeben ist. Vielmehr war aus seiner Sicht Folgendes zu analy-sieren: «Wer redet, wer handelt, wer bewegt sich im Raum?»[2] Dabei ging Lefebvre in seiner räumlichen Theorie von den Nutzerinnen und Nutzern und ihren sozialen Beziehungen aus. Entsprechend analysierte er Aktionen und Situationen. Ein entscheidender Perspektivenwechsel. Henry Lefebvre bezieht in sein Raumver-ständnis sowohl den gebauten Raum als auch die Aneignung im Gebrauch so-wie die Vorstellungen und Wahrnehmungen der Nutzenden ein. Der Philosoph Hans-Jürgen Macher[3] erklärt die Theorie der Produktion des Raumes folgender-massen: Lefebvre unterscheidet drei Dimensionen der Produktion, die materielle Produktion, die Wissensproduktion und die Bedeutungsproduktion. In der mate-riellen Produktion wird der Raum erfahren und mit allen Sinnen – wie etwa Sehen, Hören, Riechen, Tasten – wahrgenommen. In der Wissensproduktion werden Vorstellungen zum Raum über Diskurs, Theorie oder Planung konzipiert. In der Bedeutungsproduktion zeigt sich die Art, wie der Raum erlebt wird und wie wir ihn in der alltäglichen Praxis erfahren. Es ist also das Alltagsleben, das hier Gestalt

Im Wohnen machen wir uns den Raum zu eigen. Wir nehmen Raum ein, erfahren und gestalten Situationen immer wieder neu und unberechenbar.

1
Niklas Maak, *Wohnkomplex. Warum wir andere Häuser brauchen*, München 2014, S. 39.

2
Christian Schmid, *Stadt, Raum und Gesellschaft. Henri Lefebvre und die Theorie der Produktion des Raumes*, Stuttgart 2010, S. 203.

3
Hans-Jürgen Macher, *Methodische Perspektiven auf Theorien des sozialen Raumes. Zu Henri Lefebvre, Pierre Bourdieu und David Harvey*, Neu-Ulm 2007.

annimmt. Dem Raumverständnis von Lefebvre liegt die Verknüpfung dieser drei Raumaspekte zugrunde. Raum entsteht im Zusammenkommen des wahrgenommenen Raums (*l'espace perçu*), des konzipierten Raums (*l'espace conçu*) und des gelebten Raums (*l'espace vécu*).[4] Der Raum wird also fortwährend gleichzeitig konzipiert, wahrgenommen und gelebt. Mit seinem Ansatz bietet Lefebvre Kategorien der Beschreibung von Raum über eine ästhetische und rein dingliche Sicht hinaus und ermöglicht so ein ganzheitliches Verständnis der Beziehung zwischen Raum, Gesellschaft und Planung.

KONSEQUENZEN EINES ERWEITERTEN RAUMVERSTÄNDNISSES FÜR LEHRE UND PRAXIS

Dieses erweiterte Raumverständnis hat auch Konsequenzen für die Arbeit und das Selbstverständnis von Architektinnen und Architekten. Sowohl in der Lehre als auch in der Praxis sollte es nicht mehr ausschliesslich darum gehen, das klassische Architekturverständnis zu bedienen und den Entwurf eines schönen Gebäudes zu perfektionieren. Vielmehr sollte sich die soziale Konstruktion von Raum und damit der gelebte Alltag zu einem weiteren Interessensgebiet von Architektinnen und Architekten entwickeln. Genau das führt dann auch zu einem Wandel in Lehre und Praxis der Architektur: Ergänzend zu der Kernkompetenz des Gebäudeentwurfs und der mit ihr verbundenen Aufmerksamkeit für die physischen Dinge würde der Blick ebenfalls auf all die Dinge und Tätigkeiten gelenkt, die über das gebaute Projekt hinausgehen. Entsprechend käme dem Wissen über gewöhnliche menschliche Erfahrungen und Lebensweisen eine grössere Bedeutung zu, um – wie bereits das Architektenpaar Alison und Peter Smithson festhielt – den Bewohnenden «Zugang zu ihren Vorlieben und Fertigkeiten [zu] gewähren [...]».[5]

Wie werden Räume erfahren? Wie wird von Räumen Gebrauch gemacht? Wie werden Raumkategorien wie etwa «öffentlich und privat» geschaffen und gelebt? Das Interesse für die grenzenlose Vielfalt des menschlichen Gebrauchs von Raum regt Architekten und Architektinnen an, das Vorhandene zu entdecken und damit zu arbeiten. «Schliesslich hat der Mensch die Fähigkeit, durch seine Lebensentwürfe, Visionen und Experimentierfreudigkeit Wirklichkeit immer wieder neu und unterschiedlich aufzuschliessen.»[6]

4
Edward W. Soja, *Thirdspace. Journeys to Los Angeles and Other Real-and Imagined Places*, Malden, MA 2011.

5
Alison und Peter Smithson, *Italienische Gedanken. Beobachtungen und Reflexionen zur Architektur*, Braunschweig/ Wiesbaden 1996, S. 52.

6
Franz Xaver Baier, *Der Raum. Prolegomena zu einer Architektur des gelebten Raumes*, Köln 2013, S. 10.

Architektinnen und Architekten erforschen die Gegenwart und analysieren Räume dahingehend, welche Möglichkeiten, Kapazitäten und Spielräume bestehende Situationen bieten, um sie dann offenzulegen, zu vervollständigen oder zu verbessern. Architektonische Lösungen schreiben sich so in die aktuelle Realität ein, um zukunftsweisend zu sein. Der Architekt Jean-Philipp Vassal bezeichnet dieses Vorgehen als eine *«situation capable»*. Ein gutes Beispiel für diesen Ansatz ist das Projekt Place Léon Aucoc in Bordeaux , für den das Architektenpaar Lacaton & Vassal 1996 den Auftrag erhielt: Obwohl nach Ideen zur Verschönerung der Place Léon Aucoc gefragt worden war, überzeugten die Architekten ihre Auftraggeber, die Anwohnerinnen und Anwohner, nicht in die Platzgestaltung, sondern vielmehr in ein Regelwerk für einfache Instandhaltungsarbeiten zu investieren. Denn der Platz sei, so wie er ist, in Ordnung. Ein alltäglicher und doch attraktiver Ort, der die Voraussetzungen für ein angenehmes soziales Leben bietet. Ihr Projekt bestand also lediglich in der Änderung der Wahrnehmung des Vorhandenen und im Erkennen, Würdigen, Vermitteln und Weiterentwickeln vorhandener Qualitäten, die aber nicht auf den ersten Blick sichtbar waren. Mit diesem Ansatz steht das Architektenpaar Lacaton & Vassal beispielhaft für ein Raum- und Planungsverständnis, das den Raum an den Gebrauch und die damit verbundenen Möglichkeiten knüpft.

Beispielhaft kann hier ein weiteres Projekt des Architektenpaars Lacaton & Vassal angeführt werden. Ein in den 1960er Jahren von Raymond Lopez in Paris realisiertes elegantes Wohnhochhaus wurde 1990 im Rahmen einer haustechnischen Sanierung durch eine Aussenisolation bis zur Unkenntlichkeit entstellt. Zehn Jahre später war das Haus baulich und sozial so verwahrlost, dass es abgerissen werden sollte. Im Rahmen eines Gutachterverfahrens legten die Architekten Druot, Lacaton & Vassal einen Entwurf vor, der einerseits durch die Umnutzung der ehemals überdimensionierten Erschliessungszonen grössere Wohnungen und neue Serviceeinrichtungen möglich machte. Im Erdgeschoss entstanden Räume für Concierge, Kindergarten, Mietertreff, Sprachkurse und Aufgabenhilfe. Zudem erhielt das Haus eine neue Hülle, die aus einer Raumschicht bestand, die einen Wintergarten und einen Balkon von insgesamt etwa 26 Quadratmetern Grundfläche für jede Wohnung aufnahm. Raumhohe Glasschiebetüren trennen nun die eigentliche Wohnung von der angedockten raumhaltigen Fassadenschicht. Mittels verschiebbarer Sonnenschutzpaneele lässt sich der neue Aussenbereich individuell gliedern. Die neue Raumschicht wurde aus vorfabrizierten

«situation capable»:
Place Léon Aucoc in Bordeaux,
Lacaton & Vassal.

Eine neue Raumschicht für eigene
Interpretation und individuellen
Gebrauch: Umbau Tour Bois le
Prêtre, Paris, Architekten:
Frédéric Druot, Anne Lacaton &
Jean Philippe Vassal.

Serienprodukten in wenigen Monaten aufgebaut. Sie verringert den Heizaufwand, erweitert die Wohnungen und gewährt wesentlich mehr Aussicht. Die gewählte Konstruktion und eine ambitionierte Prozessplanung ermöglichten, dass das Haus während der Umbauarbeiten die ganze Zeit bewohnt werden konnte. Da auch die Mieten niedrig blieben, konnte so sichergestellt werden, dass der soziale Wohnungsbau auch weiterhin sozial bleibt.
Alle realisierten Massnahmen unterstützten und stärkten die vorhandenen, teilweise jedoch nicht sichtbaren Qualitäten des Hauses, die auch mit Hilfe der Bewohnerinnen und Bewohner sorgfältig analysiert wurden.

ARCHITEKTINNEN UND ARCHITEKTEN ALS AKTIVISTEN
Dieser erweiterte Blick auf den Raum – über die Qualität und Schönheit des gebauten Objekts hinaus – stellt jedoch nicht nur eine wertvolle Inspiration dar. Er regt zudem an, über die Schaffung von Architektur neu nachzudenken, und bewirkt so ein verändertes Rollenverständnis von Architektinnen und Architekten – als aktive «Agenten der Raumbildung».[7] Als «Aktivisten» lernen sie, wie die Bewohnenden mit ihren Mitmenschen, den Dingen, den Räumen und generell mit ihrer Umwelt interagieren. Sie setzen sich mit der Bedeutung von gebauter Umwelt und Architektur für das Individuum und die Gesellschaft sowie der Bedeutung ihrer eigenen Rolle und ihres Tuns aktiv auseinander. Dabei stehen soziales oder politisches Engagement und die sogenannte «gute Form» in keinem Widerspruch – im Gegenteil.
Architektur gibt den Orten und Räumen, in denen wir leben, Form. Komplizierter ist es nicht, aber auch nicht einfacher. Die Gestaltung sozialer Begegnungen und Beziehungen ist ein räumliches Thema. Und das architektonische Repertoire ist auch dann von zentraler Bedeutung, wenn das Verständnis von Architektur nicht auf das Objekt reduziert, sondern ebenfalls als Gestaltungsmöglichkeit von Beziehungen und Situationen begriffen wird, welche die Menschen mit ihren Tätigkeiten einbezieht und ihre sozialen Begegnungen in würdiger, angenehmer Art und Weise ermöglicht. Insofern ist Architektur eine verantwortungsvolle Aufgabe, die erheblichen Einfluss auf das Wohlergehen von Menschen hat. Sie kann dazu beitragen, das Leben der Menschen zu verbessern oder im schlimmsten Fall auch zu ruinieren. Wolfgang Pehnt bringt es auf den Punkt, wenn er behauptet: «Der Architektur entzieht sich niemand. Wir arbeiten und feiern, essen

7
Lars Lerup, *Das Unfertige bauen. Architektur und menschliches Handeln*, Braunschweig 1986, S.110.

und trinken, wachen und schlafen, lieben und hassen in Architektur. Das Leben empfängt uns in Architektur und verabschiedet uns in Architektur: Ihr Glück und Unglück machen auch unser Glück und Unglück aus.»[8]

Ideenwerkstatt mit Co.Creation Architects in Jhenaidah, Bangladesch: Schülerinnen und Schüler erarbeiten Vorschläge zur Transformation und Neuprogrammierung des leerstehenden städtischen Gefängnisses ihrer Stadt.

POTENTIALE EINES PERSPEKTIVENWECHSELS

Indem über verfeinerte Konstruktionskenntnisse und baumeisterliches Selbstverständnis hinaus auch das Verständnis für die Dynamik gesellschaftlicher, ökologischer und ökonomischer Prozesse und möglicher Entwicklungen vertieft wird, können sich Architektinnen und Architekten vermehrt und in verschiedenen Funktionen aktiv in die Diskussion um die Zukunft der Stadtlandschaft und Zivilgesellschaft einbringen. Sie können sich so der häufig geforderten politischen Verantwortung stellen und in einem grösseren Feld agieren, um als Teil der Gesellschaft zu deren Selbstverwirklichung jenseits der häufig investorengesteuerten Produktion von Raum beizutragen: in der Verwaltung und Bauherrenvertretung, in der Politik und in Verbänden und Genossenschaften, in der Forschung und Lehre sowie selbstverständlich auch in Ateliers und Bürogemeinschaften. Es gibt viele Wege für Architektinnen und Architekten, ihre räumlichen Kompetenzen einzubringen und gestaltend zu wirken, wie zahlreiche Beispiele weltweit eindrücklich zeigen.[9]

So präsentierte etwa der Pritzker-Preisträger Alejandro Aravena die Architekturbiennale in Venedig 2016 unter dem Titel *Reporting from the Front* und forderte einen Perspektivenwechsel. Er lud 88 internationale Architektenteams ein, aus ihrer täglichen Arbeit zu berichten und «den Horizont nach neuen Aktionsfeldern» abzusuchen, wie beispielsweise Flüchtlingspolitik und Ausgrenzung, Umweltverschmutzung und Naturkatastrophen, Peripherie und Ungleichheit, Wohnungsnot und Verbrechen. Denn, so führt Aravena aus, «erst der Perspektivenwechsel führt manchmal die Erkenntnis und die Problemlösung vor Augen».

9
In diesem Zusammenhang sei hier auf die Publikation *Small Scale Big Change – New Architectures of Social Engagement* hingewiesen. Sie wurde begleitend zur gleichnamigen Ausstellung im Museum of Modern Art 2010 herausgegeben. Gezeigt wird eine Architektur, die die grundlegenden Bedürfnisse der Menschen nach Gemeinschaft, Sicherheit und Selbstbewusstsein unterstützt und Ansätze vorstellt, die komplex, ästhetisch, sozial und bezahlbar sind.

8
Wolfgang Pehnt (Hg.), *Das Ende der Zuversicht. Architektur in diesem Jahrhundert. Ideen, Bauten, Dokumente*, Berlin 1983, S. 7.

WEGE ZUR IDEE – SIEBEN STRATEGIEN FÜR DAS ENTWERFEN

TEXT WOLFGANG ROSSBAUER
ILLUSTRATIONEN GWENAEL LEWIS

«Du musst einfach eine gute Idee haben» sagte Valerio Olgiati einst bei einer Schlusskritik an der ETH Zürich. Ein Hauch von Mystik umhüllte die Aussage. Wir Studierende lieferten uns einen Wettkampf um geistreiche Worte und Konzeptskizzen, die beschreiben sollten, was wir sahen. Und wir fragten uns, wie man sein Gehirn bemüht, damit es das abwirft, was Olgiati «die Idee» nannte.

Aber was soll das überhaupt sein, eine «Idee»? Sprechen wir von der Architekturikone mit hohem Wiedererkennungswert? Von einer Architektursprache, die in Fachzeitschriften als neue Wiederentdeckung zelebriert wird? Oder ist es das, was der Stararchitekt am Vorabend des Gastvortrags schwungvoll skizziert und uns rückwirkend als «erste Entwurfsidee» verkauft? Diese Fragen sind nicht sinnvoll zu beantworten. Sie sind irrelevant, denn die Antworten darauf führen zu oberflächlicher Nachahmung. Die Lehre an der Hochschule jedoch muss den Schöpfungsprozess von Ideen entmystifizieren und Licht ins Dunkel ihrer Entstehung werfen: Ideen hat man nicht, man erarbeitet sie sich.

WIE KOMMT MAN AUF «IDEEN»?
Der Architekt und Theoretiker Georg Franck beschreibt in seinem Buch *Architektonische Qualität*[1] die Wahrnehmung von räumlichen Phänomenen als ein Wechselspiel von Fokussierung und Entspannung: «Im Zustand der Aufmerksamkeit ist das Merken fokussiert: Die Wahrnehmung konzentriert sich auf den Eindruck, den eine bestimmte Modalität der Sinnlichkeit vermittelt. Im Zustand der Zerstreuung ist die Aufmerksamkeit auf anderes oder eben gar nicht konzentriert […] und offen für die Möglichkeiten, die im Hintergrund schlummern.»

1
Georg Franck, *Architektonische Qualität*, München 2008, S. 26.

← Ideen erarbeitet man sich.

Der gelungene Entwurf, der die architektonische «Idee» beinhaltet, entspringt mitnichten nur dem Akt der konzentrierten, linear-konstanten Architektenarbeit. Kreative Prozesse folgen vielmehr einem ähnlichen Schema, wie es Georg Franck der Wahrnehmung zuschreibt. Im Folgenden werden sieben Strategien dargelegt, die den Prozess der architektonischen Ideenfindung – den Einstieg ins Entwerfen – ankurbeln: Einige davon setzen einen scharfen, konzentrierten Geist voraus, andere ein Lockerlassen von Kopf und Hand. Sie sind allesamt spekulativ aus einer erlebten Berufspraxis bezogen und auf ihre Anwendbarkeit hin getrimmt.

1. AUSDEHNEN: IN NACHBARS GARTEN STIBITZEN

Wer ein guter Architekt werden will, muss aufhören, in Architektenvorträge zu gehen. Innerhalb der Zunft nämlich herrscht Rekapitulation des bereits Bekannten vor: Ob ein Entwurf relevant ist oder nicht, hängt zwangsläufig von den bis anhin – also in der Vergangenheit – als sinnvoll erwiesenen Argumentationsketten ab. Wo aber werden relevante Ideen gefunden?

Spannende Themen gibt's nur ausserhalb der eigenen Disziplin.

Folgen wir dem obigen Leitsatz, so bedeutet das Verlassen des Bekannten zunächst einmal das Verlassen der eigenen Komfortzone. Der Schritt nach draussen schiebt das Finden von Neuem in zweierlei Hinsicht an: Zum einen ist in ungewohnten Umgebungen ein vorschneller Rückgriff auf Erfahrungen nicht möglich. Man ist gezwungen, neue Verknüpfungen und dafür eine neue Bewertungsskala zu erstellen. Zum anderen befindet sich ausserhalb des heimischen Rahmenwerks – in Nachbars Garten quasi – die beste Bezugsquelle für Themen, denen sich neue Regeln für Struktur, Form und Raum entlocken lassen.

Bei vielen bekannten Bauwerken lässt sich diese Betrachtung rückwärts herauslesen: Die Inszenierung des Quarzitsteins in Peter Zumthors Therme Vals deutet auf die Kenntnis des Steinmetzhandwerks hin: Zu verstehen, wie dessen Werkzeuge funktionieren und welch spannendes Bruchbild des Felsens dabei entsteht, eröffnet überhaupt erst den Blick auf das gestalterische Potential. Es ist durchaus denkbar, dass die Architekten Lacaton & Vassal für den Ausdruck ihrer leichten, halbtransparenten Bauten und den aussergewöhnlichen Umgang mit Zwischen- und Wechselklimazonen vor allem die Funktionsweise von billigen Polycarbonatgewächshäusern studiert haben. Die kreative Leistung ist ihre Interpretation, dass in solchen Häusern auch gewohnt werden kann.

Neue Ansätze in der Architektur sind dort zu finden, wo Themen aus anderen Disziplinen für den Entwurfsprozess herangezogen werden und die Leistung der Architekten vor allem als die der Übersetzer erkannt wird. Aus dem Diskurs in den Bereichen Ökologie, Kreislaufwirtschaft und Soziologie lassen sich wunderbar Themen transferieren, etwa wie man Pflanzen in Gebäudehüllen integriert, mit Recyclingmaterialien baut oder Grundrisse mit neuartiger Aufteilung zwischen öffentlich und privat entwirft.

Beim Spaziergang in Nachbars Garten braucht es während des Wahrnehmens die Offenheit, sich die Dinge produktiv zu eigen zu machen: Das Gesehene soll nicht als unbrauchbar eingestuft und aussortiert, sondern mit Neugier gedreht, gewendet und spielerisch verarbeitet werden. Bereits in der ersten Sekunde der Wahrnehmung muss man den Möglichkeitsraum erkennen und nicht den Unmöglichkeitsraum. Natürlich gelingt es nicht immer, alles Gesehene sinnvoll in Architektur zu übersetzen. Die gescheiterten Versuche werden deutlich in der Überzahl sein. Wer obsessiv und vor allem lustvoll mit den Dingen umgehen kann, ist im Vorteil. Der Homo ludens ist der Archetyp des kreativen Entwerfers und Nachbars Garten sein liebstes Spielfeld.

2. ANPASSEN: STANDPUNKT WECHSELN, NICHT ZIELE SETZEN

«Man kann alles erreichen, man muss es nur wollen!» Dieses Mantra unserer Zeit erhebt das persönliche Ziel des Individuums – wo die Reise, die Berufswahl oder der nächste Schritt im Entwurfsprozess hingeht – zur Prämisse allen Handelns. Dem wird zugrunde gelegt, dass der Mensch während der Formulierung seines Ziels umfänglich vorhersagen kann, wie sich der erreichte Endzustand anfühlt. Bei Prozessen mit unbekanntem Ausgang, wie es der Entwurfsprozess ist, kann eine solche Vorhersage jedoch unmöglich gemacht werden. Die Zielformulierung wäre nicht nur eine Blockade gegenüber allem Neuen, sondern überdies total langweilig: Wir wissen ja, wie die Reise ausgehen wird, also brauchen wir sie erst gar nicht mehr anzutreten. Wie aber funktionieren die Teilschritte in einem Entwurfsprozess, wenn das «Wollen» während des Entscheids zu einem nächsten Schritt eher hinderlich ist?

Die Frage, ob zielgerichtetes Handeln der Pfad der Entstehung von Architektur ist, hat Georg Franck im Kapitel «Kreativität: Fortsetzung der Evolution mit kulturellen Mitteln»[2] behandelt. Er vergleicht die Genese von Bautypen mit der Evolution in der Biologie. Auch in der Entwicklung einer Spezies gibt es kein a priori formuliertes Ziel: Eine Aneinanderreihung von Zufälligkeiten und vereinzelten Reproduktionsvorteilen sieht lediglich im Nachhinein so aus, als hätte es ein klares Ziel gegeben, auf das nur hin-evolviert werden musste. Genauso verhält es sich mit Bautypen, an denen man nur im Rückblick die Rahmenbedingungen der Entstehung – beispielsweise lokale Materialvorkommen und klimatische Gegebenheiten – ablesen kann.

Wer das eigene Wollen abstellt, schafft Raum für Neues.

2
Georg Franck, *Architektonische
Qualität*, München 2008, S. 169 ff.

Beim Entwerfen kann das Mantra einer auf zwingenden Abhängigkeiten aufbau-
enden Argumentation eine Falle sein. Die Rechnung, dass aus der Einzelbedin-
gung A logisch Schritt B folgt, woraus wiederum logisch Ansatz C kommen
muss, führt zu dem Trugschluss, dass der Gesamtzusammenhang von A bis Z
ebenso logisch sein müsse. Je nach Betrachtungsdistanz stellen sich Abhängigkeiten ein, die auf die nächste Betrachtungsebene nicht zwingend durchgereicht,
sondern dort womöglich aus ganz anderen Gründen entkräftet werden können.
Architektonisch gesprochen: Wer die Türklinke in ihrer Beziehung zum Türblatt
betrachtet, sieht die darin sichtbaren Abhängigkeiten von Position, Proportion,
Materialität etc. bestätigt. Ein paar Schritte weiter entfernt erkennt man jedoch,
dass das Haus womöglich an der falschen Stelle steht und die Betrachtungsebene
«Türklinke» völlig nebensächlich war. Noch ein Schritt weiter weg und man stellt
fest, dass die Bauherrschaft wohl besser gar kein Haus, sondern lieber eine
Urlaubsreise geplant hätte. Und so weiter.
Statt des Sammelns einzelner Kausalzusammenhänge sind vielmehr der Wechsel
des Standpunkts und das Nachjustieren der Beurteilungskriterien zwei sich ver-
stärkende Strategien im Entwurfsprozess. Aufgabenstellung und Lösung sollten
besser parallel und nicht nacheinander geschrieben werden. Das vermeintlich
zielgerichtete «Wollen» verbiegt sich dann später im laufenden Prozess knapp
dem zeichnenden Stift an, der mit jeder Linie sichtbar macht, was überhaupt
gewollt werden kann.
Ein brauchbarer Trick, um sich im Entwurfsprozess von dem eigenen Wollen zu
lösen, ist die Frage: Was wollen die vorhandenen Mittel und Bedingungen? Betrachtet man beispielsweise das Material, so lässt sich herauslesen: Ein Beton-
träger will überspannen oder auskragen, um Raumdimensionen zu schaffen. Ein
Stahlfachwerk will materialsparend sein und luftig, um mit seiner Kraft zu ver-
blüffen. Der Backstein will, so sieht es Louis Kahn, am liebsten ein Bogen
sein – in ihm und seinem Wollen sieht der Architekt die Kraft, eine Dynamik zu
entfalten, die den Entwurf in neue Richtungen antreibt.[3]

3
Louis Kahn, transkribiert aus dem
Dokumentarfilm *My Architect:
A Son's Journey by Nathaniel Kahn*,
2003.

3. VERNETZEN: WAHRNEHMUNG UND HANDELN ZUSAMMENLEGEN

Der Begriff Synästhesie beschreibt die synchrone Verschaltung mehrerer Arten von Wahrnehmung. Trifft ein Sinnesreiz im Gehirn ein, schwingen gleichzeitig verschiedene Areale. Sie vernetzen sich und lösen ein breiteres, komplexeres Empfinden aus. Die spezifischen Mechanismen sind teils angeboren. Für das architektonische Entwerfen können Ansätze der synästhetischen Wahrnehmung adaptiert und gezielt eingesetzt werden. Im kreativen Prozess erhöhen sich damit die Möglichkeiten, komplexe Zusammenhänge wahrzunehmen und in Architektur zu übersetzen.

Das synchrone Handeln mit mehreren Sinnen eröffnet Möglichkeiten, auf die man durch das Denken alleine nicht kommt.

Die Architekturausbildung hat den Vorteil, dass der Lernprozess nicht als reiner Denkvorgang mit Zuhilfenahme von Büchern gestaltet werden muss. Das Entwerfen von Bauwerken, die auch beim Betrachter möglichst viele Sinne anreizen sollten, kann sinnlich-synästhetisch begonnen werden: Das taktile Bearbeiten von Materialien – mit den Händen am Werkzeug, im Zement, am Stift – koppelt sich mit den Wahrnehmungen der Augen – im Licht des Modells oder auf der Zeichnung – und Rückmeldungen der Ohren – im akustischen Raum oder während der Arbeit am Material. Fühlen, Sehen und Hören (sowie Geruch und Geschmack) werden zu einer gesamtheitlichen schöpferischen Tätigkeit vermengt, die im Korrigieren, Revidieren und Vorantreiben des Entwurfs immer auf allen Sinnen gleichzeitig aufbaut.

Das Lernen im Sinne einer Anreicherung von Wissen und Fertigkeiten ist dabei eine emotionale Angelegenheit. Was die Studierenden in der Theorie vernehmen, wird im Entwurfsatelier mit allen Sinnen gefühlt, weiterverarbeitet und dadurch tiefenwirksam verankert. «Passive Wissensgegenstände erhalten dann eine Bedeutung, wenn sie in einen emotionalen Gebrauchskontext gestellt werden», sagte der Sozialpsychologe Harald Welzer bei einem Symposium über nachhaltiges Handeln.[4] Dass der Mensch erst etwas wissen müsse, um danach klug handeln zu können, sei umgekehrt zu sehen: «Aus Handeln folgt Wissen.» Im Zweifelsfall ist die Hand am Modell also die bessere Wahl, um auf Ideen für den Entwurf zu kommen.

4
5. November 2009, Hamburger Gespräche für Naturschutz: csr-news.net/news/2009/11/06/die-kunst-der-wahrnehmungsanpassung-warum-nachhaltiges-wissen-nicht-zu-nachhaltigem-handeln-fuhrt/.

4. ERHÄRTEN: ANS LIMIT GEHEN UND DARÜBER HINAUS

«Heuristik» ist die Bezeichnung dafür, wie mit wenigen, gar ungenügenden Informationen dennoch praktikable Lösungen erzielt werden können. Man kennt ein paar vage Faktoren, spekuliert und wagt den ersten Schritt. Dass der Schritt dabei ein falscher sein könnte, ist nicht nur zugelassen, sondern integraler Bestandteil der Methode.

Über das beabsichtigte Scheitern als Methode in den Naturwissenschaften hat der amerikanische Physiker Lawrence Krauss einmal gesagt: «We have to teach our students how to fail effectively.»[5] Das Ziel dabei ist, ein Experiment bewusst zum Kollabieren zu bringen, um während des Kollapses eine damit verbundene Erkenntnis zu gewinnen. Die Grenzen der Versuchsanordnung werden genau dort sichtbar, wo sie zerschellen. Wenn ein Setup fehlerfrei funktioniert, habe man sich nur darum herumgemogelt, seine Schwächen präzise offenzulegen, meint Krauss. Das Kind, das eine Sandburg baut, fügt das Material zusammen und macht den Einsturz zum wesentlichen Programmpunkt im Spiel. Es geht darum, die Grenzen des Machbaren auszuloten und mit «Geht-Nicht»-Momenten zu illustrieren. In der Architekturgeschichte finden sich Beispiele für dieses teils unfreiwillige Vorgehen. Gotische Kathedralen wurden in jahrzehntelanger Arbeit aufgebaut und nach ganzen oder teilweisen Einstürzen in verbesserter Form nochmals errichtet. Handwerker liessen in jede nächste Version die Rückmeldung einfliessen, die ihnen die eigene Hand am zerbrochenen Material gab. Der Lernprozess führte dazu, dass ein Bautyp mit enormer Widerstandsfähigkeit in der Disposition von Material – Technik – Raum heranreifen konnte. Darum existieren gotische Kathedralen noch heute.

Für die Phase der architektonischen Ideenfindung heisst das: über das Limit der Traglasten gehen, um neue räumliche Möglichkeiten aufzuspüren – mit physischer oder virtueller Simulation, ohne dass dabei ein echtes Bauwerk zerstört werden muss; unter das Limit gehen im Einsatz aller – technischer oder materieller – Mittel, um durch Reduktion die Schärfung des Wesentlichen zu vollziehen; das Sprengen der Grenzen verfestigter Konventionen – beispielsweise in Raumqualität und -organisation –, um aussergewöhnliche neue Nutzungsformen zu evozieren. Die Methode des lustvollen Zerschellen-Lassens von Denkansätzen legt den Horizont des Machbaren zügig frei. Je höher die Geschwindigkeit dieses Verfahrens, desto höher ist der Output an Erkenntnissen für die weitere Arbeit.

Neue Ideen überschreiten immer die Grenzen der bis dahin gültigen Normen, sonst wären sie ja nicht neu. Nun ist es die Eigenart vieler Grenzen, dass sie nur

«Versuch und Irrtum» ist die Hochgeschwindigkeitsmethode des Lernens.

5
Science and Tech Policy Discussion,
Penn Club, New York City 2011.

in den Köpfen der Menschen existieren und das reflektieren, was rückblickend und erfahrungsgemäss als gut erlebt wurde. Wird die Grenzüberschreitung vom Entwurfsarchitekten als Absicht verbal ausgesprochen, so wird dies aus der Perspektive des heute Gültigen logischerweise mit einem «Hat's noch nie gegeben, funktioniert nicht.» quittiert. Neue Dinge brauchen jedoch einen durchgeführten Realversuch, um ihre Qualitäten zu offenbaren. Nur jene Vorreiter, die etwas mit einer Tat geschaffen und erfolgreich vorgelebt haben, greifen in die normativen Regelwerke der Gesellschaft ein und zeigen auch für die Anderen neue Wege auf.

5. SIMULIEREN: RUBBER DUCK DEBUGGING

Konstruktionszeichnungen aus klassischen Lehrbüchern haben gegenüber der Realität des Bauens einen Mangel: Sie sind völlig bewegungslos und zeigen den Endzustand der Teile ohne Betrachtung des Weges, den sie bis dorthin durchlaufen haben. Reelle Bauprozesse jedoch folgen einer chronologischen Logik der Bewegung von Dingen, die wahlweise auf einer Palette, in einem Eimer oder auf einem LKW liegen und von dort aus zusammengenagelt, geklebt oder gegossen werden. Pläne, Schemata und Ausschreibungstexte erzählen eine Geschichte darüber, wie alles zusammenkommt. Wenn diese – so die Theorie des «Rubber Duck Debuggings» – [6] als Erzählung schlüssig klingt, ist auch der Prozess dahinter schlüssig konzipiert. Die Methode verlangt ein lautes Aufsagen der Geschichte. Logisches und Fehlerhaftes – «bugs» – hört man beim Reden gleich selbst heraus. Ein Testpublikum muss dabei gar nicht einmal mit Feedback reagieren und kann daher durch eine schweigende Gummiente ersetzt werden.

Geschichten müssen stimmig sein, auch wenn man sie sich selbst erzählt.

Es gibt Architekturen, die ihre Fügungsgeschichte nicht mit einer Deckschicht auf der Fassade verbergen, sondern sie in ihrer tektonischen Erscheinung zum Ausdruck bringen. An den historischen Bauwerken des Museums Ballenberg beispielsweise lässt sich recht einfach erschliessen, was wann woher kam und dabei welche Aufgabe erfüllt hat. Holznägel zum Beispiel weisen darauf hin, dass hier etwas nur während des Bauprozesses gehalten wurde. Sie verkörpern quasi eine «Montagestatik», die im Endzustand zumindest aus Sicht der Tragfähigkeit bedeutungslos ist. Büge und Streben geben im Zusammenhang mit Stützen und Riegeln Auskunft darüber, welche Gebinde zuerst auf dem Boden gefügt und dann gehoben oder welche Teile direkt in den finalen Zustand eingebracht wurden. All das befindet sich in keinem Buch – es steht in tektonischer Schönschrift in der Fassade geschrieben.

6
en.wikipedia.org/wiki/Rubber_
duck_debugging,
abgerufen am 18. Juni 2020.

Im Simulieren der Bewegungsrichtung prüft man nicht nur fertige Entwürfe auf
«geht oder geht nicht», vielmehr wird der Ablauf selbst zum Generator zu Beginn der Ideenfindung. Das Entwerfen bewegter Teile – beispielsweise in digitalen
bewegten Axonometrien, wie sie im ersten Jahreskurs des Bachelors Architektur an der HSLU erstellt werden – eröffnet Gestaltungsmöglichkeiten: Schnitt-
stellen und Fugen zwischen Bauteilen können inszeniert, Systeme räumlich voneinander abgesetzt, Übergänge verwischt oder überzeichnet, Einbautoleranzen
hervorgehoben und Montagehilfen sichtbar gemacht werden. Entwerfen heisst
dynamisch simulieren.

6. ZURÜCKSCHAUEN: RE-GNOSE STATT PRO-GNOSE

Ein gutes Haus bleibt 50 Jahre oder länger stehen. Wer aktuell plant und baut,
geht daher immer eine Wette auf die Zukunft ein. Vorraussehen zu können, wie
das Morgen sein wird, wäre eine dienliche Fähigkeit, um das Entwerfen im Hier
und Heute zu steuern.
Ein wesentliches Problem der PRO-Gnose[7] als Blickrichtung beim Entwerfen ist,
dass architektonische Vorschläge in eine mögliche andere Zukunft eingeschrieben werden, die aufgrund von Klimawandel, Ressourcenverknappung etc. anders
ist; sie werden aber mit den Werkzeugen des Hier und Heute – technisch, pla-
nerisch, soziologisch – zu bewältigen versucht. Über die prognostischen Fähig-
keiten des Menschen wird ohnehin spekuliert: Einschneidende Ereignisse in der
Geschichte wurden nie wirklich vorhergesagt, sondern immer nur im Nachhinein
beschrieben.
Der Journalist und Gründer des Zukunftsinstituts Matthias Horx schlägt eine
Übung vor, die er «RE-Gnose» nennt.[8] Anstatt wie in der PRO-Gnose vom
heutigen Standpunkt aus glatt ins Morgen zu projizieren, versetzt man sich in
der RE-Gnose in die vollendete Zukunft und schaut zurück. Plötzlich wundern
wir uns, dass die Welt eine andere sein kann und sich dabei völlig normal anfühlt.
Das positive Gefühl, etwas überwunden zu haben, überwiegt. «Wenn man das
richtig macht, entsteht so etwas wie Zukunftsintelligenz. Wir sind in der Lage,

Im Rückblick lernt man Neues,
auch wenn man aus der Zukunft
schaut.

7
Prognose: Vorhersage einer
zukünftigen Entwicklung aufgrund
kritischer Beurteilung des Gegen-
wärtigen, zit. nach Duden – Das
Herkunftswörterbuch, 6. vollständig
überarbeitete und erweiterte
Auflage, Berlin 2020, S. 651.

8
www.horx.com/48-die-welt-
nach-corona/.

nicht nur die äusseren Events, sondern auch die inneren Adaptionen, mit denen wir auf eine veränderte Welt reagieren, zu antizipieren.», schreibt Horx. Alles Bewältigte wird im fiktiven Rückblick nicht von angstmachenden und unlösbaren Problemen verstellt, sondern im Gegenteil von positiven Möglichkeitsräumen ausgekleidet.

Mit dem Trick der RE-Gnose lassen sich Veränderungsprozesse hin- und her- kneten und damit neu bewerten: Plötzlich werden wir uns wundern, dass knappere Wohnräume, eng verschränkt mit gemeinschaftlichen Bereichen, und ein neues räumliches Verhältnis zur Natur selbstverständlicher Alltag sind. Wir staunen, dass bei der Materialwahl die echten Kosten – CO_2-Ausstoss und soziale Kosten – angewendet werden und die Bauteile daher ausschliesslich aus dem nahen Umkreis kommen. Wir erkennen, dass ein Haus mit nur halb so vielen Normen und technischen Standards konstruiert und trotzdem glücklich belebt werden kann. Oder dass alte Häuser komplett anders gelesen und faszi- nierenderweise zweckentfremdet werden können. Angesichts dessen erscheint unsere verschwenderische und doch so monotone Baurealität des Heute völlig aus der Zeit gefallen.

In der RE-Gnose verschieben sich die Bewertungen des Wahrgenommenen. Gut und schlecht sind in einen komplett neuen – den zukünftigen – Kontext beziehungs- weise Konsens eingebettet. Empfinden wir angesichts der Herausforderungen des Jahres 2070 die Fassadenspielereien des Jahres 2010 als verfehlt? Werden wir Glas- häuser hässlich finden, weil sie ausstrahlen, dass sie nur mit viel Energie gekühlt werden können? Finden wir simple Behausungen schön, weil das Benutzen von Räumen in viel grösseren Temperaturbändern alltäglicher Usus ist?

Es macht Spass, andere Zukünfte zu spinnen und damit Möglichkeitsräume und neue Instrumente für deren Umsetzung zu entwerfen. Diese Übung soll dazu animieren, mutig andere Szenarien zu REgnostizieren und damit neue Ableitungen für die Architekturlehre oder -praxis im Jetzt zu machen.

7. ABRÜSTEN: SUFFIZIENZ IN REINSTFORM

«Der letzte Handwerker hat immer Recht.» Diesen Satz hören wir, wenn wir etwas Neues haben einbauen lassen, obwohl wir am Tag zuvor überzeugt waren, dass überhaupt kein Bedarf dazu besteht. Doch der Fachmann hat uns final darüber aufgeklärt, mit dieser neuen Lösung endlich auf der sicheren Seite zu sein. Mit zunehmender Information über die Komplexität der konstruktiven Aufgabenstellung werden uns all die vielen möglichen Probleme bewusst und wir geraten ins Fahrwasser der technischen teuren Upgrades. Richtig spannend wird es, wenn Probleme ineinandergreifen und sich potenzieren und so einen immer höheren Material- und Energieverbrauch einfordern.

Das nachhaltigste Haus ist eines, das gar nicht erst gebaut wird.

Aber wessen Probleme werden hier eigentlich gelöst? Baumärkte sind sehr gut darin, immer neue Lösungen für Probleme zu erfinden, die man beim Betreten des Ladens gar nicht hatte. Natürlich werden reale Aufgabenstellungen mit diesen neuen Konsumgütern bearbeitet: eine «Rasenmäherkante» trifft ins Mark der Bedürfnisse des Einfamilienhausbesitzers. Nur dass dieses ins Gras gesteckte Betonteil dafür sorgen soll, dass der Rasenmäher «sauberer» auf Kante mähen kann – was ja tatsächlich klappt! –, ist neu. Dieser Mehrwert wird dem Kunden sichtbar, wenn er praktischerweise gleich das zu kaufende Produkt vorgeführt bekommt. Man wird den Gedanken nicht los, dass sich etliche in der Bauwelt existierende Probleme aus einer ökonomischen Mechanik heraus selbst konstruiert haben.

Historische Baustellen zeichneten sich dadurch aus, dass die Handwerker im Sinne einer gemeinsamen Autorenschaft zusammengearbeitet haben. Ein scharfkantiger Dachabschluss mit eingemörtelten Dachziegeln am Giebel wurde beispielsweise im engen Dialog von Dachdecker und Maurer bewältigt. Das Hineinrücken des eigenen Verantwortungsbereichs in das Feld des anderen reduzierte den Gesamtverbrauch. Heute braucht dieser Dachrand eine systembedingte Trennung, mit der sich klare Haftungen zuweisen lassen. Der Maurer ist schon zuhause, während der Spengler die Schnittstelle mit Blech schützt und der Dachdecker einen speziellen Ortgangziegel einbauen darf. Praktischerweise gibt es alle neu gebrauchten Teile auch zu kaufen. Die Aufrüstung für den wasserdichten Dachrand ist damit getan.

Eine Steigerung dieses Phänomens ist der «Rebound-Effekt». Eigentlich versprechen moderne technische Entwicklungen stets eine Einsparung von Energie in Herstellung und Betrieb. Die photovoltaikbetriebene LED-Strassenleuchte ist sicher ökologischer als die alte Glühbirnenlaterne. Mit dem Effizienzgewinn wird aber selten insgesamt gespart, sondern im Gegenteil dank des Gewinns im «Rebound» noch mehr verbaut. Plötzlich stehen die sparsamen Wunderlampen auch an Stellen, die vorher angenehm dunkel waren. Sie sind ja nun ökologisch und vermitteln das Gefühl, damit etwas Gutes getan zu haben. Woher die Batterie kommt, fragt niemand nach.

Wozu es führt, wenn sich «zur Erhöhung der Sicherheit» die Kaskade von Problemen und Lösungen anheizt, beschreibt der Sozialpsychologe Harald Welzer in einer Kolumne über «Aufrüstung»: «Je mehr Autonomie man an Regeln und Technik abgibt, desto unfähiger wird man, für sich selbst Verantwortung zu tragen.»[9] Es braucht eine Strategie der Suffizienz, mit der man Technisches, Konstruktives oder ganze Räume grundlegend reduziert, synergetisch kombiniert und knallhart weglässt, um ein wirklich ökologisches Bauen zu erreichen. Als selbst denkendes Wesen ist der Mensch dadurch stärker eingebunden.

Das Perfide an dieser Übung ist, dass sie im Grunde die Negativseite der Übung 2 «Anpassen» ist. Zur Erinnerung: «Aufgabenstellung und Lösung sollten besser parallel und nicht nacheinander geschrieben werden.» Der Wunsch nach Neuem kommt erst mit der Sichtbarkeit dessen, was gewünscht werden kann. Aber was mit neuen «guten» Möglichkeiten geht, geht eben auch mit allerlei hochgerüsteten Massnahmen, in der Bauwelt wie auch in der Politik. Kritisch bleiben hilft.

In einer Vorlesung an der Hochschule Luzern im Herbstsemester 2019 haben wir besprochen, was die ökologischste Konstruktion für einen Kindergartenraum ist. Regelbücher, Normen, Richtlinien fassen zusammen, was es alles braucht. Nach Wortmeldungen über stromsparende LEDs, Minergie-P-ECO-zertifizierte Dämmsysteme, kontrollierte Lüftungsanlagen mit Wärmerückgewinnung und dergleichen sagte eine Studentin aus letzter Reihe: «ein Waldkindergarten!». Das ist die beste Form der Konstruktion: Man lässt sie weg.

KREATIVITÄT IST NICHTS NEUES

Alle sieben Strategien zielen darauf ab, «Neues» zu entdecken. Die Wahl des Wortes «neu» bedarf in diesem Kontext einer Präzisierung: Kreativität ist nicht die Neuerfindung von Dingen, sondern die Selektion und Neukombination von vorhandenen Informationen. Ein Warten auf die göttliche Eingebung ist also weder nötig noch zielführend. Stattdessen bietet es sich an, die Übungen spielerisch und mit Leichtigkeit anzugehen, um die Tür für überraschende Verknüpfungen zu öffnen.

9
Harald Welzer, Es piept wohl! … über Aufrüstung, in: Harald Welzer, *Welzer wundert sich: Rückblicke auf die Zukunft von heute*, Frankfurt am Main 2018, Nr. 8, S. 37–40.

PROTECT US FROM WHAT WE WANT

LANDO ROSSMAIER

Raum ist vieldimensional. Um den Wust an raumbestimmenden, meist divergierenden Anforderungen und Wünschen architektonisch zu moderieren, braucht es Methode. Auf ‹die› eine Idee und Autorenschaft vertrauen wir schon länger nicht mehr. Uns interessieren breit gestützte, robuste Sinngeflechte – und das Verfahren dazu, denn vor allem die Art und Weise, wie man entwirft, bestimmt, was man entwirft.

Die nachstehenden Gedanken beziehen sich auf das *Theorie- und Entwurfsmodul zur Tektonik* im dritten Studienjahr des Bachelorstudiengangs an der HSLU (im weiteren Text als Advanced bezeichnet). Das müssige Verständnis des 19. Jahrhunderts, die Theorie sei eine der Praxis übergeordnete Instanz, wollen wir hinter uns lassen. Wir wollen Kern- und Projektmodule, Theorie und Anwendung zueinander in Beziehung setzen und so unsinnige Trennungen aufheben. Alle Unterrichtsteile sollen sich gegenseitig stärken und bedingen. Sämtliche Studienelemente der zwei Tektonik-Module zielen darauf ab, den Bedeutungsraum von Tektonik auszuleuchten. Im Entwurfsmodul nähern wir uns der noch unerschlossenen Thematik von verschiedenen Seiten. Aus zunächst prismatisch angelegten Einzelsichten wird ein komplettes Bild zusammengesetzt.

Das Vorgehen illustriert eine kleine Kindergeschichte von Irma E. Webber ganz gut: «Vier Mäuse lebten zusammen in einer alten Scheune. Jede Maus schaute gewöhnlich durch ihr Astloch, um die Tiere des nahen Bauernhofs zu beobachten. Es gab unzählige Debatten über das Aussehen der Kuh. Die erste sah die Vorderseite, die zweite die Unterseite, die dritte den Rücken und die vierte das Hinterteil [...].»[1]

Irgendwo einfach mal anfangen und aus den Teilen ein Ganzes formen. So arbeiten wir mit unstrukturiertem Material und ergebnisoffenen Prozessen wie einem Entwurf.

←

Jenny Holzer, *Protect me from what I want* aus der Serie Survival (1983–1985), elektrisches Schild, 6,1 × 12,2 Meter, New York, Times Square, 1985.

1

Nach Irma E. Webber, *It Looks Like This*, New York 1949.

INTENTION

Im Advanced meide ich strapazierte Begrifflichkeiten wie «Idee» oder «Konzept».
Lieber spreche ich über Intentionen, über das Warum von Ideen. Tektonik verstehe
ich als Form gewordene Intention. Die tektonische Haltung bestimmt das Verhältnis
von Machart und Ausdruck.[2] Ideen können zu leicht von persönlichen Vorlieben
dominiert sein; Absichten hingegen scheinen der Willkür von Einzelnen weniger
stark ausgesetzt. Sie sind vom Anspruch getragen, Fragestellungen ganz durchdringen zu wollen. Dafür braucht es keine Idee eines launenhaften Genius, sondern
beharrliches Befragen und sorgfältiges Auseinandersetzen mit dem Gegebenen, um
einen gültigen Standpunkt zu finden und die Haltung zu festigen. Bei einer solchen
Auseinandersetzung geht es kaum mehr um die eine Idee, den starken Wurf oder
geschmackliche Präferenzen. Damit wurden wir Dozierende noch im Studium
durch Professoren und Idole geprägt. Es geht mir heute vielmehr um ein Erkennen
eines aus einer Vielzahl von Strängen fest verwirkten ‹Sinngeflechts›, bei dem hete-
rogene Bestandteile ineinander arbeiten.[3] Als Autor trete ich eher zurück.
Stehen nicht Sinnhaftigkeit und Verantwortung im Vordergrund unserer Arbeit?
Sollte das Gros der Architekturproduktion nicht weniger auf heiteren Entscheidungen eines vermeintlichen Genius oder der Besteller gründen? Sollte es nicht vielmehr darum gehen, durch hartnäckiges, profundes und liebevolles[4] Abarbeiten
sämtlicher Operanden universellere und damit beständigere Antworten zu finden?
«We do not provide houses, we have to achieve them»,[5] so fasst es Michael Bene-
dikt zusammen. Das gefällt mir.
Konzepte sind wertfrei, absichtslos. Sie sind Kommunikationsmittel. Mithilfe von
Konzepten wird Expertenwissen zugänglich und kann über die Disziplinen hinweg
besprochen werden. Architekten verständigen sich zum Beispiel in Tragwerkskon-
zepten mit Ingenieuren und in grösseren, interdisziplinären Teams, so kann über ein
Konzept eine gemeinsam getragene Haltung und Autorenschaft[6] fixiert werden. Ein
Konzept ist aber noch keine Idee.

Kleinstmögliche Schnittmenge aus
der alles durchdringenden
Intention von Ort (Topos),
Programm (Typus) sowie
Konstruktion und Form (Tektonik).

2
Input Lando Rossmaier, Mai 2017,
Schweizerisches Architektur-
museum S AM, Basel.

3
Vgl. Lando Rossmaier, *Methode
Synchrones Entwerfen*,
Leitung Dr. Christoph Wieser,
Interne Publikation der
ZHAW Winterthur 2013.

4
Olga Takurczuk, *Der liebevolle
Erzähler. Vorlesung zur Verleihung
des Nobelpreises für Literatur*,
Zürich 2020.

5
Michael Benedikt, *For an Architecture of Reality*, New York 1992.

6
Vgl. das Luzerner Modell, ein
an der HSLU entwickelter Begriff,
ein Handlungsmodell für eine
umfassende integrale Arbeitsweise
der vier an der Hochschule
vertretenen Disziplinen, verkürzt:
Autorenschaft im Team.

SINNGEFLECHTE, ALLES IN ALLEM

Was wir früher den Ort, die Funktion, die Konstruktion und Form nannten, bezeichnen wir heute als Triage aus den drei grossen T's: Tekton(ik), Topos und Typus.[7] Diese setzen wir mittels einer gemeinsamen Haltung in möglichst stabile, wechselseitige Abhängigkeit. Entwarfen wir früher konsekutiv, einem Vogelblick gleich von oben nach unten, vom grossen ortsbaulichen Massstab über den Grundriss hinunter zur nicht selten nachträglich aufgesetzt wirkenden Konstruktion, so wollen wir heute simultaner,[8] alles in allem denken. Den Entwurfsprozess beginnen wir daher je nach Aufgabenstellung anders. Wir beginnen bei einem landschaftlich geprägten Projekt, einem Kaltstart gleich, zuerst mit den Möglichkeiten, die uns eine Materialentscheidung aus dem Kontext anbietet; oder wir ersinnen als erstes Lebenswelten, deren Stimmung räumliche Sequenzen bis in den konstruktiven Ausdruck prägen können. Ziel ist es, die Triage im Gesamten zu durchdringen, sämtliche Teile in möglichst starke wechselseitige Abhängigkeit zu setzen. Nach Wochen beharrlicher Varianten, breit angelegter Recherchen und Wechsel der Arbeitsmittel festigt sich – oft erst im zweiten Drittel des Semesters – die über Wochen der Aufgabenstellung abgerungene Haltung, ein alles durchdringender Spirit. Die vielbemühte «Idee» (lat. Idee = Geist) tritt zutage.

Tektonik lässt sich nicht auf eine baukonstruktiv-technische oder geschmacklich-künstlerische Option reduzieren. Es geht nicht um Konstruktion oder Form, sondern um ein intentional bestimmtes Verhältnis von Machart und Ausdruck. Auch die Typologie und städtebauliche Setzung sind keine solitären, unabhängigen Entscheidungen, die ein Projekt ausmachen. Manche Wettbewerbsentscheidungen begründen Jurys merkwürdigerweise mit: Der Städtebau sitzt, die Fassade ist noch zu erarbeiten. Als ob eine volumetrische Setzung ein gutes Haus garantierte, die Fassade nun im Anschluss noch fast unabhängig davon entworfen werden könnte. Nein! Es geht darum, das mühselig zu verhandelnde gemeinsame Band, den Kern und Geist der Triage in möglichst unumstössliche Übereinstimmung zu bringen. Die divergierenden Teile sind miteinander zu verwirken und zu festigen,

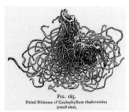

FIG. 165.
Dried Rhizome of Caulophyllum thalictroides
(small size).

Gewebe, Gespinste, Geflechte, Gewirke. Je dichter sie gewoben, gesponnen, verwirkt werden, desto tragfähiger sind sie als Idee, als Geschichte, als intersubjektive Vorstellung, als architektonische Vision.

7
Anregung war Kenneth Frampton, *Grundlagen der Architektur,* München/Stuttgart 1993.

8
Vgl. Lando Rossmaier, *Methode Synchrones Entwerfen,* Leitung Dr. Christoph Wieser, Interne Publikation der ZHAW Winterthur 2013.

dass es als ganzheitliche Aussage fass- und beurteilbar wird.[9] Nur so können wir geschmacklichen Präferenzen entkommen und professionell beurteilen. Je kleiner die resultierende Schnittmenge, je weniger Möglichkeiten die ortsspezifische, typologische und tektonische Wahl noch zulässt, desto treffender und bedeutsamer wird die resultierende Architektur sein.[10] Das ist nichts weniger als die Grundlage architektonischer Sinnhaftigkeit.

ZWANGSLÄUFIGKEIT

Jedes Studienjahr erhoffe ich mir, manche Studierende dürften die befreiende (sic!) Zwangsläufigkeit der oben beschriebenen Betrachtungsweise erleben. Wenn sich Argumentationsstränge derart verdichten, dass sich zwar noch so manches zeichnen lässt, es aber nichts mehr zu erfinden gibt. Diesen Moment zu erfahren, wenn nicht mehr geredet werden muss, weil alles gesagt und gedacht ist, weil das Projekt gedanklich zu Ende entwickelt wurde. Dann den Stift gelassen niederlegen, das ist schön, ja erhaben wie Mathematik.[11]
Studierende sollten einmal erfahren dürfen, dass ein Projekt fertig sein kann, im Grunde immer fertig sein muss. Das sollte Ziel der Anstrengung sein, im Studium wie in der Praxis. Nur derjenige und diejenige sollten bauen, die — architektonisch — etwas zu sagen haben und nicht plappern. Ehrlich? Zu diesem Punkt schaffen es die wenigsten.

REPERTOIRE

«Wer schreiben können will, der sollte lesen», sagte ein an mir über Jahre gescheiterter Deutschlehrer. Sinngemäss gilt das auch für die Architektur, denn aussergewöhnlich Begabte sind rar. Kein Unterricht kann sie hervorbringen — aber auch nicht verhindern. Mittels solidem Repertoire und gutem Handwerk halten wir einen Grossteil architektonischer Aufgaben jedoch für gut bewältigbar. Wir unterstützen das im Studium durch verschiedene Studienelemente.
Zeitgenössische Positionen und persönliche Haltungen erklären uns junge wie arrivierte Kolleginnen und Kollegen in Inputs. Den Schwerpunkt schreiben wir dabei

9
Kolumne *Südostschweiz*, Lando Rossmaier, 13. Juli 2020.

10
Wir vergleichen das mit der Kohärenz von verbaler, non- und paraverbaler Kommunikation.

11
Wie das Mikrofon abgelegt wird nach einem Battle Rap in Film *7 Miles*. Es ist alles gesagt. Drop the mic.

vor: Tektonik, Machart und Wirkung. Gezeigt werden sollen auch die eigene
Haltung und der Prozess. Es soll das mühselige Ringen um die persönliche Position
und das eigene Werk offengelegt werden. Die Studierenden erkennen dadurch,
dass dieses Ringen mit dem Einstieg in die Praxis weder enden wird—noch soll.
Um eloquent aus einem reichen architektonischen Fundus schöpfen zu können,
vermitteln wir daneben historisches Repertoire und Theorie in Vorlesungen. Be-
sprochen werden weniger populäre Architekturen, sondern Arbeiten abseits des
Mainstreams mit Qualitäten, die sich nicht auf den ersten Blick erschliessen.
Manche Augen würden sie achtlos übersehen.
Besonders nachhaltig lehrreich erscheint uns das in eigenständigen Analysen von
Bauten angeeignete Wissen. Dazu werden wie in den Vorlesungen weniger her-
ausragende Prototypen, sondern schlichte, gute, vielmals anonyme Bauten ab der
Jahrhundertwende herangezogen. Die Studierenden ergründen daran das jewei-
lige tektonische Dispositiv zwischen Form und Konstruktion. Sie formulieren
zum Analyseobjekt eine hypothetische tektonische Haltung, gerade so, als wären
sie selbst die Projektverfasser. Diese Analyse als gegenläufiger Prozess zur Ent-
wurfssynthese etablierte sich in den letzten Jahren als starker Baustein einer
Sehschule und unabdingbare Reflexionsgrundlage für die eigenen Versuche im
Entwurfsmodul.
Was habe ich vor mir? Was ist eigentlich eine Absicht? Was die hypothetische
Absicht des Verfassers? Woran manifestiert sie sich? Ist sie präzise formuliert?
Gibt es Ähnliches, aber Besseres? Wie kohärent ist das Projekt? Ist das gut genug?

Screenshot des Tektonik-Blogs
Analyse Stadthaus.

MITTEL

Die Arbeit *Mein Kindermädchen* von Meret Oppenheim zeigt, wie sehr Arbeits-
strategie und Ergebnis korrelieren. Das Aufeinanderprallen der collagierten
Gegenstände erzeugt anregende Bedeutungsverschiebungen und schafft Gedan-
kenräume. Am Computer oder mit dem Stift hätte das nie so entstehen können.
Nur mit Fundstücken aus dem Brockenhaus im Atelier und mit den Händen war
das möglich.[12]
Wir ideologisieren weder Architekturstile noch Arbeitsmittel. Zu wenig vertrauen wir in vorgespurte Lösungswege und in Unterteilungen in richtig und

Meret Oppenheim (1913–1985),
Mein Kindermädchen, 1936,
Metall, Schuhe, Faden und Papier,
14 x 33 x 21 cm, Stockholm,
Moderna Museet.

12
Juhani Pallasmaa, *The Thinking
Hand. Existential and Embodied
Wisdom in Architecture*, New York
2009, sowie Mani Pulati Onen,
Swiss Spring School im Februar 2019,
www.rossmaier.com.

falsch. Die Wahl der Mittel und Herangehensweisen halten wir uns bewusst offen und bieten den Studierenden eine möglichst anregende Arbeitspalette. Trainiert werden soll eine schnelle Kopf-Hand-Verbindung, damit es möglichst keine Reibungsverluste zwischen Gedanken und Umsetzung gibt.

Wir zeigen verschiedene tektonische Zugänge über das konstruierende Entwerfen oder das entwerferische Konstruieren. Je nach Aufgabenstellung beginnen die Studierenden eher bei der Imagination, einem Bild eines Projektes oder mit dem Material und seinen Fügungsprinzipien beziehungsweise Möglichkeiten der Bearbeitung.

Eine Vorstellung kann sowohl durch eine Skizze oder Collage mit dem schönen Nebeneffekt der Recherche entstehen, als auch mit einer literarischen Annäherung an eine Lebensvorstellung. Genauso aber kann mit dem Material und seinen konstruktiven Ausdrucksmöglichkeiten begonnen werden. Egal, von welcher Seite sich Studierende nähern: Machart und Wirkung werden im Prozess die gleiche Aufmerksamkeit zu schenken sein, denn sie bedingen sich und müssen sich in den Dienst des gemeinsamen Narrativs stellen.[13]

ANGEWANDTE KUNST

Wir verstehen Architektur auch in der Ausbildung als angewandte, nicht-freie Kunst, als Gratwanderung zwischen den Künsten und der Technik. Wir sind weder Ingenieure noch Künstler, unser Potential liegt zwischen beiden Polen. Architekten sind deswegen aber nicht einfach Generalisten, sondern eher Romantiker. Sie setzen sich der Zerrissenheit architektonischer Projekte aus und sind vom Projekt berührt. Sie schaffen es, unterschiedlichste Anforderungen in ihrer Essenz zu verstehen und die oft spröden, divergierenden Fäden zu einem starken Stoff zu verwirken. Gleich einem Stück Filz, dessen unterschiedliche Fäden, also Anforderungen und Wünsche, zu einem festen, unverrückbaren Gewirk verarbeitet werden, indem sich die Fäden in wechselseitige Abhängigkeit bringen. So entstehen starke und vermutlich eher leise Architekturen, geschlagen mit der feinen Klinge. Eigene Ideen und Wünsche treten in den Hintergrund und damit in den Dienst des Projektes.

Wir bilden keine Dienstleister für Bauherrenwünsche heran, sondern Architektinnen und Architekten, die Bauherren auch vor ihren Wünschen bewahren

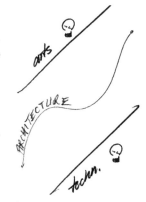

Skizze nach Alfred Pliske:
Die runden Dinger sind keine
Glühbirnen, sondern Totenköpfe.

12
Juhani Pallasmaa, *The Thinking Hand. Existential and Embodied Wisdom in Architecture*, New York 2009, sowie Mani Pulati Onen, *Swiss Spring School im Februar 2019*, www.rossmaier.com.

13
Es gibt kein Projekt, kein projiziertes Bild, keine kulturelle Errungenschaft ohne Narrativ. Vgl. dazu Yuval Noah Harari, *Eine kurze Geschichte der Menschheit*, München 2015.

können. Im Zuhören und Übersetzen, in der umsichtigen, verantwortungsvollen Lenkung und sorgsamen Förderung vermuten wir kraftvolle Ruhe und Gelassenheit, die wohl grosser Architektur innewohnt.

AUSBLICK

Mit dieser Denkart glauben wir eine – unter möglichen anderen – Antworten geben zu können, die auf die Potentiale und die Gefahren der divergierenden Vielfalt unserer Gesellschaft und Architekturproduktion reagiert. Ein rhizomisch angelegtes Sinngeflecht, das weniger der Tyrannei einzelner Interessen[14] ausgeliefert ist, sondern durch wechselseitige Abhängigkeiten seine Bestandteile plausibilisiert und stärkt. Die rhizomische Durchflechtung und Offenheit der Lesarten zeitigt Ruhe und Gelassenheit in den architektonischen Antworten.

Womöglich fallen weniger vorschnelle und harte Entscheidungen, solange wir uns zur stetigen Reflexion nötigen und uns immer wieder fragen: Warum, wozu braucht es etwas? Mit dieser Haltung kann man durchaus gute Architektur machen. Ungewöhnliche, lustvoll transgressive Bauten brauchen eine andere Herangehensweise. Nur zweifle ich daran, dies umfassend unterrichten zu können oder zu müssen, denn das Studium ist nur ein kleiner Abschnitt einer langfristigen, im Grunde autodidaktischen Lebensweise. Wir geben den Start dazu an der Schule. Wir zeigen, wie hoch die Masslatte sein kann, wie weit man gehen kann oder muss, wie sehr es Feuer für die Sache braucht. Dies ist die Essenz unserer Arbeit als Dozierende. Ich kenne keine andere Berufung – Beruf zu sagen, wäre zu schwach –, die von so vielen Themengebieten durchdrungen ist. Architektur erstarkt an ihrem Komplexitätsgrad. Das stimmt mich trotz der vielerorts zu beobachtenden, vereinfachenden Tendenzen zuversichtlich.

Architekt oder Architektin zu sein bedeutet also nicht, schnöder Generalist zwischen den Polen Bau und Kunst zu sein, es ist sehr viel mehr. Es ist eher eine Wahrnehmungs- und Sensibilisierungsschule für eine besonnene, liebevolle Sichtweise auf unsere Welt. Wenn Schönheit – etwas verkürzt – eine Art sinnlich wahrnehmbare Liebenswürdigkeit sei, ein irgendwie positives, anziehendes Gefühl und im Grunde scheu wie ein Reh,[15] dann ist es diese Art von tiefer Berührtheit, die ich den Studierenden auf den Weg geben will. Das zu vermitteln, empfinde ich als grosse Herausforderung und Freude.

14
Vgl. Richard Sennett, *Verfall und Ende des öffentlichen Lebens. Die Tyrannei der Intimität*, aus dem Amerikanischen von Reinhard Kaiser, Frankfurt am Main 1983.

15
Rem Koolhaas in einem Interview mit der Tageszeitung *Die Welt*, 23. April 2014.

ZURÜCK IN DIE ZUKUNFT – KRITISCH VERNAKULÄR

ANNIKA SEIFERT, WOLFGANG ROSSBAUER

«Architecture can only be sustained today as a critical practice if it assumes an arrière-garde position, that is to say, one which distances itself equally from the Enlightenment myth of progress and from a reactionary, unrealistic impulse to return to the architectonic forms of the pre-industrial past. [...] It is my contention that only an arrière-garde has the capacity to cultivate a resistant, identity-giving culture while at the same time having discreet recourse to universal technique».[1]

In seinem Aufsatz «Towards a Critical Regionalism: Six points for an Architecture of Resistance» reflektiert der Architekturhistoriker Kenneth Frampton über die kulturelle Entwurzelung von Architekturproduktion in der Moderne, aber auch über die Unfähigkeit der Postmoderne, trotz ihrer Bemühung ikonografischer Bilder und szenografischer Entwürfe bedeutungsvolle Räume zu generieren. Ein zuvor von Paul Ricœur formuliertes Paradox wird für ihn zum Imperativ: « [...] how to become modern and to return to sources; how to revive an old, dormant civilization and take part in universal civilization».[2]

1

Kenneth Frampton, Towards a Critical Regionalism: Six Points for an Architecture of Resistance, in: *The Anti-Aesthetic. Essays on Postmodern Culture*, hg. von Hal Foster, Seattle 1983, S. 16 – 30, hier: S. 20.

2

Paul Ricœur, *History and Truth*, Evanston 1965, S. 276 – 277, hier zit. nach Kenneth Frampton, Towards a Critical Regionalism: Six Points for an Architecture of Resistance, in: *The Anti-Aesthetic. Essays on Postmodern Culture*, hg. von Hal Foster, Seattle 1983, S. 16 – 30, hier: S. 16.

←

Ist eine Weiterentwicklung traditioneller Haustypen möglich, die über das blosse Hinzufügen technischer Installationen hinausgeht?

VERNAKULÄRE BAUTEN ENTDECKEN

Als Antwort auf dieses Dilemma schlägt Frampton den Weg des kritischen
Regionalismus vor – einen Weg, der aus der Kenntnis von lokaler Bautradition
und Kulturpraxis schöpft und gleichzeitig im kritischen Wissen um zeitgenös-
sisch-technische Errungenschaften architektonischen und städtischen Raum zu
schaffen vermag, der lokal an seinem Platz und zeitlich in seiner Gegenwart
verortet ist. Die vernakuläre Architektur nimmt in Framptons Argumentation
einen hohen Stellenwert ein. Unbedingte Voraussetzung bleibt für ihn aber, das
Vernakuläre nicht zum Stil zu reduzieren, der als quasi analoge ästhetische Brü-
cke eine Verankerung im Ort bietet, sondern ein tiefergehendes Verständnis für
das Wesen traditioneller Bautypen und -techniken und die ihnen zugrunde liegenden treibenden Kräfte zu entwickeln.

In dem Kurs *Bauten Entdecken* beschäftigen sich die Studierenden des Fachge-
bietes Technik & Architektur bereits in ihrem ersten Studienjahr institutsüber-
greifend mit vernakulären Bautypen. Neben traditionellen Häusern aus dem
Schweizer Raum finden sich Beispiele aus gänzlich verschiedenen Kulturen und
Klimazonen. In interdisziplinären Gruppen arbeitend, richten die Studierenden
ihren Fokus in zwei Arbeitsschritten zunächst auf die tiefgreifende Erforschung
eines bestimmten Typus («Analysephase»), um diesen dann in einem zweiten
Schritt nach bestimmten Parametern zu verändern («Projektphase»).

ANALYSE: DAS HAUS ALS GANZES

Die Untersuchung in der Analysephase geht über eine materielle Architektur-
betrachtung hinaus. Da sich ein vernakulärer Typus über viele Generationen
unter Beachtung der gegebenen klimatischen Bedingungen und der Verwendung
lokaler Ressourcen an einem bestimmten Ort als Ausdruck einer spezifischen
Kultur entwickelt, stellt er nie die Reaktion auf einen momentanen Zustand dar,
vielmehr sind ihm die Parameter seines Entstehungsortes wie ein genetischer
Code über Jahrhunderte eingeschrieben worden. Vernakuläre Bautypen können
kulturell wie physisch als Inbegriff nicht des situativen, sondern des kontextuellen
Bauens verstanden werden. Die Studierenden beschäftigen sich in ihrer Analyse
mit klimatischen und topografischen Gegebenheiten, mit den verwendeten Materialien und ihrer Verarbeitung und Fügung sowie dem historischen, kulturellen
und soziologischen Hintergrund der Bewohnergruppen.

Neben objektspezifischen architektonischen Beobachtungen wird ausserdem
deutlich: Im Entstehungsprozess eines vernakulären Baus übersteigt das traditionelle Wissen des Kollektivs den Wert der individuellen Autorschaft; gleichzeitig
wird in der produktiven Direktheit präindustrieller Gesellschaften jedes Individuum zum Gestalter des eigenen gebauten Lebensraumes. Das heisst, die Aufgaben des Investierens, des Planens, Ausführens und schliesslich des Nutzens

entfallen nicht selten auf dieselben Personen. Das Gleiche gilt für fachspezifische Fragen – eine Aufteilung des Entstehungsprozesses auf disziplinäre Spezialisten ist in Anbetracht der zur Verfügung stehenden Kapazitäten und überschaubaren Komplexität weder sinnvoll noch notwendig. An die Stelle der formalen Planung tritt der Akt des kollektiven Konstruierens selbst. Dieses Moment des Kollektiven und Transdisziplinären wird in der Versuchsanordnung der Gruppenarbeit spielerisch nachgestellt. Bei den Studierenden des ersten Studienjahres aus den jeweiligen Instituten stehen disziplinäre Kompetenzen zwar erst begrenzt zur Verfügung, die Bereitschaft – und Fähigkeit –, das Haus gemeinsam als Ganzes zu betrachten, scheint dafür umso grösser.

PROJEKT: SPEKULATIVE ADAPTION

Das in der Analysephase geschärfte Verständnis für die kontextuellen Gesetzmässigkeiten einerseits und den holistisch-interdisziplinären Entstehungsrahmen des untersuchten Typus andererseits bildet die Grundlage für die nun folgende Projektphase. Wie optimal vernakuläre Typen auf ihr Umfeld abgestimmt sind, wird beim Auftreten von Veränderungen der äusseren und inneren Rahmenbedingungen augenfällig. Manipulieren wir in einem fiktiven Szenario den Kontext eines Typus unter der Leitfrage «Wie *hätte* sich das Haus entwickelt, wenn …?», dann stellen wir fest, dass sich ein punktueller Eingriff in das, was wir als «genetischen Code» des Hauses bezeichnet haben, in der Regel wie Schockwellen durch alle Gesetzmässigkeiten des Typus fortsetzt und einen ganzheitlich veränderten Bau entstehen lässt. Ein solcher spekulativer Vorgang gleicht einer analytisch-antizipativen Synthese, die in ihrem Ergebnis einen präzisen und eigenständigen architektonischen Ausdruck zeigt, ohne dabei nach rein ästhetischen Gesichtspunkten zu gestalten.

Dieses Prinzip kann ebenso genutzt werden, um ein «Wie *wird* sich das Haus entwickeln, *wenn* …»-Szenario zu erörtern. Das Potential dieses Gedanken- beziehungsweise Entwurfsspiels besteht darin, dass sich Ausblicke auf zukunftsrelevante Möglichkeiten eröffnen. In der Projektphase des beschriebenen Kurses werden drei mögliche Parameter, die eine Veränderung als Fortentwicklung der Bautypen auslösen sollen, vorgegeben und den Studierendengruppen zugelost. Diese drei Parameter korrespondieren mit den Schwerpunkten der Analysephase: Konstruktion, Kultur und Klima.

PARAMETER 1: KLIMAWANDEL

«Die Architektur steht jetzt vor einem Paradigmenwechsel. Der Schutz gegen
Kälte ist nach wie vor wichtig. Aber unsere Daten zeigen, dass sich der Bedarf an
Heizwärme in Zukunft um 20 bis 30 Prozent reduzieren wird. Der grosse Knack-
punkt für die Planung behaglicher Wohnhäuser wird in Zukunft die Kühlung sein.»[3]
Diese Feststellung von Gianrico Settembrini, Architekt und wissenschaftlicher Mitarbeiter an der Hochschule Luzern, beschreibt die Auswirkungen des Klimawandels
auf das Bauen in der Schweiz. Für andere Teile der Welt fallen Veränderungen mit
Dürren, Überschwemmungen, tauendem Permafrost oder steigendem Meeresspiegel noch schwerwiegender aus. Wie wird sich ein vernakulärer Typ weiterentwickeln müssen, um den jeweiligen sich wandelnden Klimafaktoren zu begegnen? Welche Aspekte muss eine erfolgreiche Adaption von Siedlungsstruktur über
Volumetrie und Fassade bis hin zum Baudetail einbeziehen?

Die Pfahlbauten von Ganvié
in Benin schützten ihre Bewohner
ursprünglich vor Sklavenhändler
anderer Stämme.

Beispiel Pfahlbauten von Ganvié: Im Lagunensee Nokoué in Benin sind die Pfahlbauten von Ganvié vom steigenden Meeresspiegel bedroht. Die Längen des für
die Pfahlgründungen verwendeten wasserresistenten Mangrovenholzes reichen
nicht aus, um die Häuser an die zu erwartenden Überschwemmungssituationen
zu adaptieren.

In ihrer Bearbeitung des Typus entscheiden die Studierenden daher, die Häuser
vom Seegrund zu lösen. Der Boden des Hauses wird zur Plattform, die auf leeren
Ölfässern schwimmt, welche in der benachbarten Hafenstadt ausreichend zur Verfügung stehen. Der Dachgiebel wirkt als verlängerter Dreiecksrahmen strukturell
stabilisierend und hält das Haus durch die verbreitete Basis im Gleichgewicht auf
der Wasseroberfläche. Die offene Struktur der Dreiecksenden seitlich des Kern-
hauses kann flexibel für wechselnde Tätigkeiten genutzt werden, steht aber auch
als Bootsanleger, Aussenraum oder Vorgarten zur Verfügung. Die Gebäudever-
sorgung mit Strom und Wasser muss autark erfolgen und stützt sich auf Regen-
wassergewinnung und Windkraft. Die Abwasserentsorgung erfolgt über ein
pflanzliches Filtersystem.

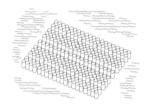

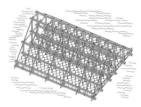

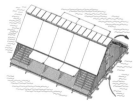

Angetrieben durch den
steigenden Meeresspiegel wird
eine Loslösung der Gebäude vom
Lagunengrund vorgeschlagen. Das
nun auf Ölfässern schwimmende
Haus wird in seiner Struktur
verstärkt, Elektrizität, Ab- und
Frischwasserversorgung autark
organisiert.

3
Die Konsequenzen des Klima-
wandels für die Architektur,
Medienmitteilung der Hochschule
Luzern zur Studie ClimaBau –
Planen angesichts des Klimawan-
dels, 07/2018.

4
Die Konsequenzen des Klima-
wandels für die Architektur,
Medienmitteilung der Hochschule
Luzern zur Studie ClimaBau –
Planen angesichts des Klimawandels,
07/2018.

PARAMETER 2: MATERIALIEN

Martin Rauch, der sich seit Jahrzenten mit Lehmbau beschäftigt, sagt über die traditionelle Bauweise des Stampflehms: «Die Zukunft des Lehmbaus liegt in der Vorproduktion und in klugen Materialkombinationen. Auf diese Weise könnten – ähnlich wie im Holzsystembau – die Hohlräume für Rohre und Kanäle bereits auf Elementebene vorgefertigt werden. Auch die Dämmung liesse sich bereits vorfabrizieren, beispielsweise in Form von mit Glasschaum gefüllten Hohlräumen. [...] Das Stampfen des Lehms könnten künftig Roboter übernehmen.»[4]

Die unterirdischen Yaodong im nördlichen China werden ausgehend von ausgehobenen Höfen horizontal ins Lösssediment gegraben.

Diese Suche nach neuen Wegen lässt sich auf nahezu alle traditionellen Materialien und Konstruktionsweisen übertragen. Wie sieht ein angemessener Materialeinsatz in der postfossilen Zukunft aus? Können wir traditionelle Materialien und Bauweisen durch Nutzung neuer Technologien für eine sanfte Steigerung des Nutzungskomforts, der Dauerhaftigkeit, sogar der Kosteneffizienz einsetzen?

Beispiel Höhlenhäuser Yaodong: Die Yaodong liegen in der nordchinesischen Provinz Shanxi im Lösshochland. Im Boden des Plateaus wird jeweils ein Loch als zentraler Hof ausgehoben, von dem aus allseitig Raumkammern horizontal ins massive Erdreich gegraben werden. Die Masse, die diese unterirdischen Räume umschliesst, hält die Räume im Sommer angenehm kühl, im Winter warm.

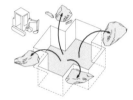

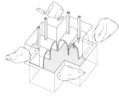

Die Studierenden bleiben grundsätzlich bei dem Material des Lösssedimentes als vorhandener Ressource, machen sich aber den Einsatz moderner Baumaschinen zu Nutze. In ihrer Fortentwicklung des Typus wird der Aushub über die volle Fläche und Tiefe der späteren Struktur vorgenommen, die Kammern dann als Gewölbe aus ungebrannten Lössziegeln aufgemauert und das Dachgewölbe schliesslich mit dem verbleibenden Aushubmaterial unter Aussparung des zentralen Innenhofes wieder überdeckt. So werden nicht nur grössere Raumdimensionen, sondern auch ein grosszügiger Zusammenschluss der Kammern untereinander ermöglicht. Rund um den Hof werden die Funktionen so angeordnet, dass sie den Sonnenstand optimal nutzen können. Eine jahreszeitliche Verschiebung der Raumnutzungen je nach Heiz- oder Kühlbedarf ist denkbar. Mehrere Yaodong können ausserdem zu Siedlungen so vernetzt werden, dass die Rückseiten der unterirdischen Kammern jeweils in den nächsten benachbarten Innenhof zur Belichtung und Querlüftung geöffnet werden können. Nur die zuäusserst gelegenen Kammern einer Siedlung werden über gemauerte Windtürme belüftet und über Reflexion belichtet. Für den durch den Klimawandel bedingten stärkeren Regenfall sind im Innenhof eingelassene Zisternen vorgesehen, die den Höhlenboden entwässern und Regenwasser für neuangelegte Hofgärten speichern.

Unter Zuhilfenahme heutiger Maschinen werden die Yaodong nicht mehr als Höhlen gegraben, sondern können zunächst vollständig ausgehoben und dann in grosszügigeren Dimensionen als mehrkammrige Gewölbe gemauert und schliesslich wieder mit Lösssediment bedeckt werden. Das einzelne Hofhaus lässt sich so ausserdem zur besseren Belüftung und Belichtung mit Nachbarhäusern zu einer komplexen Siedlungsstruktur vernetzen.

PARAMETER 3: NUTZUNG +

In einem Interview mit der Zeitschrift *Werk Bauen Wohnen* stellt der Architektur-theoretiker Sascha Rösler fest: «Viele begreifen das Vernakuläre nach wie vor als etwas Exotisches, als würden wir noch immer in kolonialen Zeiten leben. Es braucht aber Übersetzungen, welche die ruralen Konstruktionen, die für kleine Einheiten entstanden sind, in eine urbane Architektur überführen. Das ist ein sehr grosses und spannendes Projekt, das die ganze Disziplin Architektur fordert.»[5]

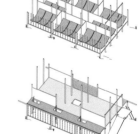

Die traditionelle Maloca des Amazonasgebiets ist ein Einraum-Langhaus, unter dessen palm-gedecktem Dach bis zu 80 Personen gemeinsam leben.

Dieser Aufruf zur typologischen Neuverhandlung vernakulärer Typen betrifft zahlreiche veränderte Nutzungsrealitäten: Wie wird sich der Typus in dichterem Kontext oder in multiplizierter Grösse verhalten? Wie reagiert er auf unser sich wandelndes Verständnis von Arbeits- und Privatleben, Individualität und Kollektivität? Wie finden unser heutiger und zukünftiger Platzbedarf, aber auch die sich ändernde Priorisierung bestimmter (Wohn-)Funktionen eine räumliche Übersetzung?

Beispiel Langhaus Maloca: Die Maloca ist ein für das Amazonasgebiet typisches Langhaus, in dem bis zu 50 Stammesmitglieder unter einem bis auf den Boden herabgezogenen übergrossen Satteldach leben. Die Konstruktion ist ein mit Palmblättern gedeckter, im Boden eingespannter Holzskelettbau. Der kollektiv genutzte Einraum ist für unterschiedliche Nutzungen zoniert.

Unter der Annahme, dass sich auch im entlegenen Amazonasgebiet eine sanfte Tendenz zu privateren Wohnformen abzeichnen wird, sieht der von den Studierenden fortentwickelte Typus eine Unterteilung des hohen Grossraumes in zwei Etagen vor. Im Obergeschoss befindet sich weiterhin der kollektive Gemeinschaftsraum mit zentraler Tanz- und Kochstelle. Seitlich wird er von kleineren Räumen flankiert, von denen aus Leitern durch Bodenluken in darunter befindliche individuelle Schlafkammern führen. Anstelle eines konventionellen Bodens ist in diesen Kammern ein «Schlafnetz» als Matte gespannt. Das Erdgeschoss ist so «auf Stelzen» gegen die vermehrt auftretenden Hochwasser geschützt. Gleichzeitig erlaubt das Netz eine effiziente Belüftung von unten durch die Bodenluken und schliesslich durch im Dach liegende Lukarnen, die zusätzlich der Entrauchung dienen. Der vor Eindringlingen geschützte Eingang befindet sich in der Giebelfront im Obergeschoss. Der zentral gelegene Raum im Erdgeschoss bleibt frei – Asche und Glutreste aus der darübergelegenen Kochstelle können hier über einen Kippmechanismus direkt auf den nassen Urwaldboden entsorgt werden.

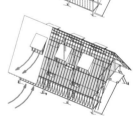

Die Weiterentwicklung der Maloca schlägt eine vertikale Zonierung des Einraumes vor, welche die Kollektivnutzung nach oben verlegt und gleichzeitig mit privaten Schlafkammern dem zunehmenden Bedürfnis der Tucanos nach Individualisierung Rechnung trägt. Der Kamin-effekt wird für ein geschicktes Belüftungskonzept aller Räume genutzt.

5
Die Welt als Kontext. Dominique Gauzin-Müller und Sascha Roesler im Gespräch mit Tibor Joanelly und Roland Züger, in: *Werk Bauen Wohnen 3* (2020).

ZURÜCK IN DIE ZUKUNFT

Obwohl es weichenstellend wirkt, welcher der drei Parameter die Ausgangslage für die typologischen Zukunftsspekulationen bildet, zeigen die Beispiele deutlich, dass die Arbeiten der Studierenden in der Regel alle Parameter zumindest tangieren – wird ein Faden gezogen, gerät das gesamte Konstrukt in allen Teilaspekten in Bewegung. Oder, um den Bogen zu Kenneth Framptons Forderungen an einen kritischen Regionalismus zurück zu spannen: Indem sozusagen der «genetische Code» eines Typus bearbeitet und Raum nicht gemäss seiner ästhetischen Eigenschaften, sondern entsprechend seiner Wesenhaftigkeit verändert wird, verzichten wir auf Entwurfsentscheidungen nach rein visuell-ästhetischen Kriterien, um aus einem komplexeren Argumentarium zu schöpfen.

Als Frampton seinen Essay 1982 verfasste, erschien dieser als kritische Stellungnahme zur bildaffinen Postmoderne und erweist sich dadurch – zum momentanen Zeitpunkt der Wiederentdeckung dieser Strömung – als erneut relevant. Framptons Text lässt sich aber auch im Kontext der damals noch nachhallenden Ölkrise der 1970er Jahre lesen und wird damit erst recht interessant: Die Frage nach globaler Verantwortung in Zeiten des Anthropozäns stellt sich uns als Gestaltern der gebauten Umwelt besonders drängend. Mit einer (wie oben spielerisch beschriebenen) Infragestellung von Material und Konstruktion, von Kultur und Nutzung, von architektonischem Umgang mit klimatischen Bedingungen loten wir aber nicht nur unsere professionellen Möglichkeiten aus, um zur Begrenzung eines menschengemachten Klimawandels beizutragen. Vielmehr erforschen wir einen reichhaltigen Entwurfsspielraum, der uns erlaubt, einem dauerhaft veränderten Klima architektonisch zu begegnen.

UNERWARTETE LEERE

FELIX WETTSTEIN

So sauber waren Wasser und Luft seit sehr langer Zeit nicht mehr. Ein Virus hat die städtischen Räume ent-leert und die Menschen in ihre Wohnungen verbannt. Arbeit und Unterricht finden in virtuellen Räumen statt, und neue Formate bieten Chancen.

Das Bild ging um die Welt. Der Papst betet alleine auf dem Petersplatz, der von Gian Lorenzo Bernini eigentlich für hunderttausende von Menschen geschaffen wurde. Einer der grössten und bedeutendsten öffentlichen Räume bleibt leer. Die Szene ist gespenstisch und wirkt wie eine Dystopie, ist im Frühjahr 2020 aber Realität. Ein Virus fegt den öffentlichen Raum der Städte leer. Zuerst in China, dann in Europa und in Nordamerika, und nach und nach in der ganzen Welt – kein Land und keine Stadt kann sich dem unsichtbaren Eindringling entziehen.

DICHTE ODER *DIE BEDROHTEN VERSPRECHEN DER METROPOLEN*

Unter dem Titel *Cities – Architecture and Society* kuratierte Richard Burdett die zehnte Architekturbiennale in Venedig 2006. Die Ausstellung fokussierte auf die globale Stadt: die Metropolis oder die Megacity mit den Zigmillionen Einwohnern und auf die Beziehung zwischen Städtebau und Architektur. An faszinierenden Modellen wurde die Dichte der Städte veranschaulicht. Wir erkannten die grosse Ausdehnung Londons und Mexico Citys im Gegensatz zur extremen Dichte von Barcelona oder Mumbai. Fasziniert schauten wir auf die Spitzen der Bergmassive gleichenden Modelldarstellungen, und leicht beschämt stellten wir fest, dass Schweizer Städte nicht einmal eine Randnotiz wert waren.

Die ersten Jahrzehnte des 21. Jahrhunderts waren denn auch geprägt vom schnellen Wachstum der Städte, von einer zunehmenden Anziehungskraft der Zentren und von der Urbanisierung des Zeitgeistes. Bereits 1995 bereitete Rem Koolhaas mit der Publikation *S,M,L,XL* den Boden für eine globale Betrachtung der Architektur mit einem speziellen Fokus auf die Begriffe der Grösse, der

Der Papst im leeren Raum, Petersplatz, Rom.

←
Leere – Piazza del Duomo, Mailand.

EYES ON #3

A cathedral like a mountainscape.
Imposing as you stand in front of it
but also when you have moved past.
Once you have left the city, this colossal
building stays with you — in your mind,
How so?
The whole cathedral is of one single
material, white marble from a nearby
Alpine valley,

Hundreds of sculpted figures
populate its niches, arches and pillars.
As if they wanted to participate
in the sound of life
that — no so long ago — was shared around
them,

Jacques, march 2020

EYES-ON A cathedral like a mountainscape. Imposing as you stand in front of it but also when you have moved past. Once you have left the city, this colossal building stays with you — in your mind. How so?
The whole cathedral is of one single material, white marble from a nearby Alpine valley. Hundreds of sculpted figures populate its niches, arches and pillars. As if they wanted to participate in the sound of life that — not so long ago — was shared around them.

#herzogdemeuron #hdm_eyeson #duomo #milano

Instagram, 31. März 2020

Masse und der Dichte. Von der Grossstadt träumten nicht nur Städtebauer und Architekten, sondern Millionen von Menschen, die sich Arbeit und damit ein besseres Leben erhofften. Die Stadt nahm sie alle auf, sie versprach vieles und hielt bei weitem nicht alles.

Seit jeher ist die Stadt geprägt von Gegensätzen, von Widersprüchen, von komplexen Überlagerungen und Problemen, aber auch von Glanz und Schönheit. Trotz der anhaltenden Anziehungskraft der Grossstadt sind wir seit geraumer Zeit mit globalen Ereignissen konfrontiert, die unübersehbare und nachhaltige Spuren hinterlassen. Finanzkrise, Flüchtlingskrise und insbesondere der Klimawandel rütteln an den Fundamenten der Stadt und dem urbanen Leben, das uns so begehrenswert erschien.

Und nun kommt eine weitere Bedrohung hinzu. Das Virus liebt die Stadt, die Dichte und das durchmischte öffentliche Leben. Die Zentren mit hoher Mobilität sind die Herde der Gesundheitskrise. Selbstverständlich hat die Stadt bereits einige Seuchen überlebt, und der Städtebau hat seine Lehren daraus gezogen. Der engen, dunklen und schmutzigen mittelalterlichen Stadt folgten im 19. Jahrhundert breite Strassen und normierte Blockränder. Auch die Moderne bezog sich auf die Hygiene und die Gesundheit der Bevölkerung, wenn sie Licht, Luft und Sonne für alle propagierte und die historische Stadt der Tabula Rasa preisgeben wollte. Stadtplanung ging entsprechend immer Hand in Hand mit den fortschreitenden Erkenntnissen des Gesundheitswesens. Aber wie soll die Entwicklung der Stadt auf die jetzige Krise reagieren?

Dichte – Modelle der Metropolen, Biennale Venedig 2006.

Ist es purer Zufall, dass die im Februar 2020 eröffnete und von Rem Koolhaas kuratierte Ausstellung *Countryside a report* im Guggenheim Museum New York den Blick von der Stadt ab- und der Landschaft zuwendet? Wohl kaum, denn die Krise der Metropole gründet tiefer als von Corona verursacht.

«The past two decades – or maybe the entire period since 1991 – has been characterized by a complacent expectation that one kind of civilization – metropolitan, capital-oriented, agnostic, western – would remain the template for global development, possibly forever. [...] The combined systems of airline hubs, highways, fast trains, (self-driving?) cars, internet, and mobile phones hold us in a self-imposed prison of the urban where the «experience» economy tries to hide the fact that there is nothing fundamentally new to experience in urban life [...].»[1]

Blick in die Landschaft, aus: *AMO Rem Koolhaas, Countryside a report*, Ausst.-Kat. Guggenheim Museum New York, Köln 2020, S. 270 – 271: *First inspection of TRIC, Lance Gilman with cowboy hat.*

Der schonungslose Blick auf die Metropole ist die Basis für Koolhaas' Zuwendung zur Landschaft, und gemeint ist nicht die Natur, sondern die vom Menschen gestaltete Kulturlandschaft. Dabei geht es wohlverstanden keineswegs um deren Urbanisierung, sondern um deren Aufwertung, um das Verständnis für den Teil der Welt, der mittels einer dringend notwendigen Vision zum Fokus einer nachhaltigen Entwicklung werden könnte. Dennoch, die Grossstadt tut sich schwer mit vom Social Distancing geforderten Abstandsregeln, mit einem auf null heruntergefahrenen Kulturangebot und mit ausbleibendem Tourismus. Die Stadt leidet, aber wird sich ihre Struktur verändern?

Nein, das ist nicht zu erwarten, und das ist gut so. Die öffentlichen Räume, die Theater und Konzertsäle, die Bars und Clubs und die Stadien werden sich nach und nach wieder mit Leben füllen. Wir werden die Nähe und Dichte zwar noch über längere Zeit scheuen, aber mit der Zeit werden wir die Angst vor dem unsichtbaren Feind überwunden haben. Was bleibt, ist das Bewusstsein, dass dem privaten Raum, dem Rückzugsort, der Wohnung nicht genügend Aufmerksamkeit gewidmet werden kann. Ein noch so kleiner Garten, ein Balkon oder eine Loggia gewinnen an Bedeutung, wenn der öffentliche Raum seiner Funktion und seinem Sinn beraubt wird. Architekten müssen sich bewusst sein, dass die von ihnen entworfenen Wohnungen über Monate nicht mehr verlassen werden könnten und entsprechend über vielfältige und reichhaltige Wohnqualitäten verfügen sollten. Wohnungen müssen mehr leisten können. Im Homeoffice arbeitende Eltern, lernende und spielende Kinder und Haustiere müssen auf engstem Raum über längere Zeit zusammen funktionieren.

MOBILITÄT ODER STAY AT HOME

Nachweislich sind Zentren mit hoher Mobilitätsquote stärker von der Pandemie betroffen als peripher gelegene Gebiete. Mobilität führt zu Kontakten und zur Verbreitung des Erregers. Als eine der effizientesten Massnahmen gilt deshalb die Unterbindung der Mobilität, die bis zur Ausgangssperre führen kann.

Homeoffice konnte sich bis vor Kurzem nur in sehr beschränktem Mass durchsetzen. Für jede noch so unwichtige Sitzung haben wir lange Wege in Kauf genommen. In diesem Bereich haben wir in kürzester Zeit gelernt, neue, kürzere Wege zu gehen. Die Arbeitswelt wird sich verändern, die Kommunikation über innovative digitale Plattformen wird zum Standard werden.

Auf die Architektur übertragen bedeutet dies, dass Bürogebäude kleiner und Wohnungen grosszügiger oder besser, differenzierter und flexibler gestaltet werden. Homeoffice wird sich in weiten Bereichen etablieren. Komplexer erscheint die Frage, ob sich auch das Reiseverhalten nachhaltig ändern wird. Die Reisebranche wird geschwächt nach neuen Anreizen für ihre Kundschaft suchen. Viele Airlines werden nicht überleben, und die Preise werden steigen. Dies könnte zu einer Gesundung eines weitgehend toxischen Marktes beitragen, zum Wohle der Umwelt und des lokalen, nachhaltigen Tourismus.

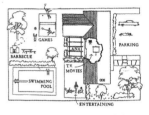

Das Haus als Stadt als Haus, aus: *1973: Sorry, Out of Gas*, Ausstellung und Katalog kuratiert von Giovanna Borasi und Mirko Zardini, CCA, Canadian Centre for Architecture, 2007.

1
Rem Koolhaas, Ignored Realm, in: *Countryside a report*, Köln 2020, S. 2–3, hier: S. 2.

Restless Sphere, Coop
Himmelblau, Basel, 1971.

Vielleicht erhält auch die in den 1970er Jahren von der Raumfahrt inspirierte und
von experimentellen Architekten- und Künstlergruppen wie Haus Rucker Co oder
Coop Himmelblau entwickelte Idee der Kapsel die Chance zu einem Neustart?
Unerwartet verhilft die Krise nämlich dem Automobil – dieser Kapsel des privaten
Glücks – neuen Auftrieb. Die Einsamkeit in geschützter Hülle wird dem Dichte-
stress in Pendlerzügen vorgezogen. Hier werden grosse Anstrengungen notwendig
sein, damit die Umkehrung einer seit längerem sich vollziehenden Entwicklung
nicht zum Kollaps der Mobilität und der Umwelt führt.

Dass beinahe in Vergessenheit geratene Ikonen des American Way of Life wieder-
belebt werden könnten, mag eine Randbemerkung sein. Interessant ist es alleweil,
dass Drive-in-Kinos und Drive-through-Takeaways krisenfeste Konzepte anbieten.
Freiheit ist glücklicherweise das wertvolle Gut, das sich immer neu erfindet und
das wir uns nicht nehmen lassen.

Oase N°7, Haus-Rucker-Co / Zamp
Kelp, Laurids Ortner, Manfred
Ortner, Klaus Pinter, documenta 5,
Kassel 1972.

NACHHALTIGKEIT ODER *DIE DELPHINE SIND ZURÜCK IN VENEDIG*

Jede Krise hat ihre Gewinner – die Pandemie ist ein Problem für die Menschheit,
für die Umwelt ist sie eine Chance. Der Rückzug der Menschen in ihre Wohnungen,
die generelle Verlangsamung der Bewegungen, der Produktion und des Lebens im
Allgemeinen gibt der Natur den Raum zurück, den wir ihr genommen haben.
Wildtiere finden den Weg in die menschenleeren urbanen Zentren, und angeblich
wurden Delphine in der Lagune von Venedig gesichtet. Ob Fake News oder
nicht – vielleicht wird gerade dieses Bild die zerstörerischen Kreuzfahrtschiffe aus
Venedig vertreiben.

Bedeutender ist, dass der Himmel über den Ballungszentren aufklart. Auf Satelliten-
bildern ist die markante Veränderung der Luftqualität in China, in den USA, aber
auch in Europa – wie zum Beispiel in der Po-Ebene – klar erkennbar. Dass die Luft
besser wird, ist ein gutes Omen. Es könnte mitunter dazu führen, dass Menschen
weniger anfällig für Lungenkrankheiten sein werden.

Weit komplexer ist die Frage, ob sich die Gesundheitskrise positiv auf die Klima-
krise auswirken wird. Zumindest in der Schweiz ist es gelungen, die Welle der
Pandemie flach zu halten. Die Kurve der Klimaerwärmung zu drücken, ist ein
weitaus schwierigeres Unterfangen, nicht zuletzt, weil die Auswirkungen von
Massnahmen nicht im Verlauf von Wochen, sondern von Jahrzehnten spür- und
messbar sind. Es bleibt abzuwarten, ob der Schock der Gesundheitskrise zu einem
nachhaltigen Umdenken und zu Verhaltensänderungen führt, die sich langfristig
positiv auf das Klima auswirken. Grund zur Hoffnung besteht durchaus, denn
die Entschleunigung hat in vielen Menschen Sehnsüchte nach einem gesünderen
Leben geweckt.

Venedig – Delphine versus
Kreuzfahrtschiffe.

LEHRE ODER *HOME-STUDYING*

Es ist erstaunlich, wie schnell und scheinbar mühelos der Lehrbetrieb an den Hochschulen umgestellt wurde. In kürzester Zeit haben wir uns von realen in virtuelle Räume zurückgezogen. Der Digitalisierung sei Dank werden Vorlesungen, Kolloquien, Projektpräsentationen und Kritiken über Online-Plattformen wie Zoom abgehalten. Wir können konstatieren, dass der Lehrbetrieb an Architekturschulen aufrechterhalten werden kann. Es bieten sich sogar Chancen, und kreative Felder tun sich auf. Das Zuschalten von Experten aus fernen Ländern ohne unverhältnismässige Kostenfolgen ist bereichernd. Ebenso lernen und schärfen die Studierenden das narrative Element bei ihren Projektpräsentationen am Bildschirm. Die intellektuellen Ressourcen bleiben vom Virus verschont. Wir haben endlich Zeit zum Nachdenken.

Allerdings werden die global orientierten Hochschulen schwieriger zum Normalbetrieb zurückfinden als die lokal verankerten Institute. Es wird seine Zeit dauern, bis die international gefeierten Stars wieder einfliegen können.

Wir haben Architektur immer als globale Sprache mit regionalen Dialekten verstanden. Die Kommunikation, die intellektuelle Reflexion und Diskussion über den Entwurfsprozess und die Suche nach kreativen Lösungsansätzen für relevante Problemstellungen der Zivilgesellschaft standen immer im Zentrum unserer Lehre. Nach wie vor sind wir überzeugt, dass Architekten die Welt verstehen müssen, um ihren Beitrag leisten zu können. Ebenso glauben wir an die Vielzahl von Lösungen für städtebauliche und architektonische Fragestellungen. Die Entwicklung der Persönlichkeit und die Schärfung der Interessen bleibt deshalb das wesentlichste Ziel in einem Masterstudium.

Hier sehen wir mitunter das grösste Problem der aktuellen Krise. Wohl lassen sich die Inhalte vermitteln und die Resultate beurteilen. Was leidet, ist das studentische Leben, das kreative Gewusel im Atelier, der soziale Austausch unter den Studierenden und den Dozenten. Architektur entsteht eben auch an den Reibungsflächen, im Zufälligen und im realen Raum.

Home-Studying versus Atelieratmosphäre.

«What we wanted to collect is evidence of new thinking, new ways of remembering, new ways of exploring, new ways of acting, old ways of contemplating and being, new ways of using new media, new ways of owning, renting, new ways of protecting, new ways of planting, new ways of farming, new ways of fusing, new ways of harvesting, that are taking place beyond a metropolitan consciousness and that ultimately could make it possible that we all don't end up unhappily huddled together in cities. And would enable us to experience a realm that we have ignored at our, and its, peril.
A base from which to make the word a better place.»[2]

[2] Rem Koolhaas, Ignored Realm, in: *Countryside a report*, Köln 2020, S. 2–3, hier: S. 3.

1973: Sorry, Out of Gas, Ausstellung und Katalog kuratiert von Giovanna Borasi und Mirko Zardini, CCA, Canadian Centre for Architecture, 2007.

Iñaki Ábalos, *The Good Life*, Zürich 2017.

AMO Rem Koolhaas, Countryside a report, Ausst.-Kat. Guggenheim Museum New York, Köln 2020.

Architekturmodelle der Renaissance: die Harmonie des Bauens von Alberti bis Michelangelo, hg. von Bernd Evers, veränderte deutsche Ausgabe des Kataloges anlässlich der Ausstellung *Architekturmodelle der Renaissance, die Harmonie des Bauens von Alberti bis Michelangelo*, Kunstbibliothek im Alten Museum, Berlin, 7. Oktober 1995–7. Januar 1996, München/New York 1995.

Franz Xaver Baier, *Der Raum. Prolegomena zu einer Architektur des gelebten Raumes*, Köln 2013.

Reyner Banham, *Los Angeles: The Architecture of Four Ecologies*, Los Angeles 1971.

Michael Benedikt, *For an Architecture of Reality*, New York 1992.

Die Welt als Kontext. Dominique Gauzin-Müller und Sascha Roesler im Gespräch mit Tibor Joanelly und Roland Züger, in: *Werk Bauen Wohnen 3* (2020).

Yves Dusseiller, *Das aperspektivische Modell*, Studienarbeit am Architekturdepartement der ETH Zürich, 2001.

Meinrad K. Eberle, Von der Jubiläumsidee zum Bauwerk, in: *Neue Monte-Rosa-Hütte SAC: ein autarkes Bauwerk im hochalpinen Raum*, Zürich 2010, S. 14–15.

Eduardo Chillida. Architekt der Leere, hg. von Alexander Klar, Ausst.-Kat. Museum Wiesbaden, 16. November 2018–10. März 2019, Köln 2018.

Susanne von Falkenhausen, 1880–1945: Wie kommt Geschichte ins Bild? Warum verschwindet sie daraus? Und taucht sie wieder auf? Eine Skizze, in: *Praktiken des Sehens im Felde der Macht: gesammelte Schriften*, hg. von Ilaria Hoppe, Bettina Uppenkamp und Elena Zanichelli, Hamburg 2011, S. 17–52.

Hassan Fathy, *Architecture for the poor: an experiment in Rural Egypt*, Chicago 1973.

Kenneth Frampton, *Grundlagen der Architektur*, München/Stuttgart 1993.

Kenneth Frampton, Towards a Critical Regionalism: Six Points for an Architecture of Resistance, in: *The Anti-Aesthetic. Essays on Postmodern Culture*, hg. von Hal Foster, Seattle 1983, S. 16–30.

Georg Franck, *Architektonische Qualität*, München 2008.

Sigfried Giedion, *Die Herrschaft der Mechanisierung – Ein Beitrag zur anonymen Geschichte*, Frankfurt am Main 1982.

Ernst Haeckel, *Generelle Morphologie der Organismen*, Berlin 1866.

Yuval Noah Harari, *Eine kurze Geschichte der Menschheit*, München 2015.

David Harvey, *The Condition of Postmodernity*, Oxford 1990.

Isamu Noguchi: sculptural design, hg. von Alexander von Vegesack, Weil am Rhein 2001.

Jaume Plensa – The Artist in Conversation, Yorkshire Sculpture Park, UK, 11. November 2017, ysp.org.uk/films/jaume-plensa-2017-artist-talk.

Rem Koolhaas, Fundamentals, in: *Fundamentals. 14th International Architecture Exhibition*, Ausst.-Kat. Mostra Internazionale di Architettura, La Biennale di Venezia, 7. Juni–23. November 2014, Venedig 2014, S. 17–19.

Rem Koolhaas, Ignored Realm, in: *Countryside a report*, Köln 2020, S. 2–3.

Bruno Latour und Albena Yaneva, «Gib mir eine Waffe und ich bring alle Gebäude dazu, sich zu bewegen». Die Analyse der Architektur nach der Actor-Network-Theorie (ANT): www.kulturexpress.info/Latour_DT.pdf, hier: S. B2/11, Übersetzung nach: *Explorations in architecture: teaching, design, research*, hg. von Reto Geiser, Basel/Boston, Mass./Berlin 2008.

Lars Lerup, *Das Unfertige bauen. Architektur und menschliches Handeln*, Braunschweig 1986.

Claude Levi-Strauss, *Das wilde Denken*, Bd. 14, Frankfurt am Main 2016.

Niklas Maak, *Wohnkomplex. Warum wir andere Häuser brauchen*, München 2014.

Hans-Jürgen Macher, *Methodische Perspektiven auf Theorien des sozialen Raumes. Zu Henri Lefebvre, Pierre Bourdieu und David Harvey*, Neu-Ulm 2007.

Àkos Moravansky/Andrea Deplazes/David Guggerli, Die Ankunft der Hütte im Jetzt, in: *Neue Monte-Rosa-Hütte SAC: ein autarkes Bauwerk im hochalpinen Raum*, Zürich 2010, S. 55–66.

Werner Oechslin, Das Berufsbild des Architekten – eine Erinnerung als Einführung, in: *Architekt und/versus Baumeister. Die Frage nach dem Metier*, 7. Internationaler Barocksommerkurs 2006, Stiftung Bibliothek Werner Oechslin, Einsiedeln, Zürich 2009, S. 6–17.

Juhani Pallasmaa, Architecture and the Reality of Culture, in: *Encounters: architectural essays*, Bd. 1, Helsinki 2005, S. 249–262.

Juhani Pallasmaa, From Tectonics to Painterly Architecture, in: *Encounters: architectural essays*, Bd. 1, Helsinki 2005, S. 211–220.

Juhani Pallasmaa, From Utopia to a Monument, in: *Encounters: architectural essays*, Bd. 1, Helsinki 2005, S. 147–160.

Juhani Pallasmaa, The Limits of Architecture, in: *Encounters: architectural essays*, Bd. 1, Helsinki 2005, S. 279–294.

Juhani Pallasmaa, *The Thinking Hand. Existential and Embodied Wisdom in Architecture*, New York 2009.

Wolfgang Pehnt (Hg.), *Das Ende der Zuversicht. Architektur in diesem Jahrhundert. Ideen, Bauten, Dokumente*, Berlin 1983.

Paul Ricœur, *History and Truth*, Evanston 1965.

Richard Rory, *Kontingenz, Ironie und Solidarität*, Frankfurt am Main 2016.

Lando Rossmaier, *Methode Synchrones Entwerfen*, Leitung Dr. Christoph Wieser, Interne Publikation der ZHAW Winterthur 2013.

Colin Rowe und Fred Koetter, *Collage City*, Basel 1997.

Science and Tech Policy Discussion, Penn Club, New York City 2011.

Christian Schmid, *Stadt, Raum und Gesellschaft. Henri Lefebvre und die Theorie der Produktion des Raumes*, Stuttgart 2010.

Richard Sennett, *Verfall und Ende des öffentlichen Lebens. Die Tyrannei der Intimität*, aus dem Amerikanischen von Reinhard Kaiser, Frankfurt am Main 1983.

Alison und Peter Smithson, *Italienische Gedanken. Beobachtungen und Reflexionen zur Architektur*, Braunschweig/Wiesbaden 1996.

Edward W. Soja, *Third space. Journeys to Los Angeles and Other Real- and Imagined Places*, Malden, MA 2011.

Szenarien zur Bevölkerungsentwicklung der Schweiz 2015–2045, hg. vom Bundesamt für Statistik, Neuchâtel 2015.

Olga Takurczuk, *Der liebevolle Erzähler. Vorlesung zur Verleihung des Nobelpreises für Literatur*, Zürich 2020.

Vitruv, *Zehn Bücher über Architektur*, lateinisch und deutsch, übersetzt und mit Anmerkungen versehen von Curt Fensterbusch, Darmstadt 2013.

Irma E. Webber, *It Looks Like This*, New York 1949.

Oliver Weber, Der liberale Ironiker im postumen Vokabeltest, in: *Frankfurter Allgemeine Zeitung*, 13. Juli 2019.

Harald Welzer, Es piept wohl! ... über Aufrüstung, in: Harald Welzer, *Welzer wundert sich: Rückblicke auf die Zukunft von heute*, Frankfurt am Main 2018, Nr. 8, S. 37–40.

Ludwig Wittgenstein, *Tractatus logico-philosophicus*, London 1922.

S. 87	Foto: Angelika Juppien
S. 88–98	Illustrationen: Gwenael Lewis
S. 100	© 2020, ProLitteris, Zürich
S. 101	Lando Rossmaier
S. 102	Lando Rossmaier
S. 103	Lando Rossmaier
S. 105	oben: Lando Rossmaier
	unten: © 2020, ProLitteris, Zürich
S. 106	Skizze nach Alfred Roth: Die verbotenen Grenzen der Architektur, *Das Werk*, 2-1949
S. 108	© myclimate
S. 112	oben: Foto: Dominik Schwarz, https://commons.wikimedia.org/wiki/File:Ganvié9.jpg
	unten: M. Oberholzer, D. Senn, L. Spörri
S. 113	oben: © Alamy Stock Photo
	unten: D. Achermann, J. Keller, D. Krebs, F. Zwicky
S. 114	oben: https://commons.wikimedia.org/wiki/File:Tukano_maloca.jpg
	unten: N. Dorn, F. Eigenmann, R. Hug
S. 116	Foto: Andrea Cherchi
S. 117	Foto: Vatikannews / © 2017–2020 Dicasterium pro Communicatione
S. 119	oben: Felix Wettstein
	unten: © AMO / Rem Koolhaas
S. 120	© CCA, Canadian Centre for Architecture
S. 121	© Katharina Vonow / Coop Himmelb(l)au
S. 122	oben: © Zamp Kelp, Laurids Ortner, Manfred Ortner, Klaus Pinter, documenta 5, Kassel 1972
S. 123	oben: Foto: Felix Wettstein
	unten: Foto: Markus Käch

*1964 in Caravaggio, Architekt und Dozent für Theorie der Architektur an der   ALBERTO ALESSI
HSLU und für Entwurf an der Universität Liechtenstein. Studium am Politecnico
di Milano, an der ETH Zürich und der École d'Architecture Paris-Villemin. Zahlreiche Publikationen, darunter *Singular Plural* und *Jo Coenen*. Als Kurator hat er
die internationalen Dialoge *MittelArchitetture* und *Spaziarte* initiiert sowie die
Veranstaltungen *transalpinarchitettura, Costruire Identità?, Architetture di Passaggio*
und *Italy now?* inhaltlich und architektonisch gestaltet.

*1965, Dipl.-Architekt ETH SIA BSA. 1998 – 2005 Projektleiter Neubau Kan-   PETER ALTHAUS
tonsschule Wil bei Staufer & Hasler Architekten, Frauenfeld. Assistenz an der
ETH Zürich. 2005 Gründung Park Architekten zusammen mit Markus Lüscher.
Seit 2012 Professor an der HSLU – Technik & Architektur. 2016 Feldforschung
Postmoderner Städtebau in Los Angeles.

*1978, Dipl.-Architektin ETH SIA. Mitarbeit in verschiedenen Architekturbüros,   DAMARIS BAUMANN
ETH Studio Basel und Architekturmuseum S AM. Seit 2015 selbstständig tätig,
projektspezifische Kollaborationen. Freie Autorin bei der Zeitschrift *Hochparterre
Wettbewerbe*. 2018 – 2020 wissenschaftliche Assistentin an der HSLU – Technik
& Architektur.

*1973, Dipl.-Ing. Architektin UdK Berlin. Seit 2012 wissenschaftliche Mitarbei-   HEIKE BIECHTELER
terin am Institut für Architektur an der Hochschule Luzern – Technik & Architektur. Konzeption und Organisation der Lucerne Talks – Symposien für Architekturpädagogiken. Herausgeberin der Dokumentationen *Architekturpädagogiken –
5 × 2 Gespräche* und *Architekturpädagogiken: Ein Glossar*. Kuration der Ausstellung
Anatomy Lessons in der Casa mondiale in Zürich – einer Fallstudie zur Repräsentation von Architektur.

*1982, Dipl.-Architektin ETH. Ab 2008 Mitarbeit in verschiedenen Archi-   SARAH BIRCHLER
tekturbüros und seit 2017 gemeinsames Architekturbüro häni joho birchler
architekten gmbh mit Benjamin Häni und Dominik Joho. Von 2017 – 2019 Assistentin im Bachelor Basic – Entwurf & Konstruktion an der HSLU – Technik &
Architektur.

*1965, Prof. Dipl.-Architekt ETH BSA SIA. 1994 Architekt bei Tod Williams, Billie Tsien and associates, New York; seit 1995 Käferstein & Meister Architekten, Zürich. 1996–1997 Tutor Unit Inter 11, AA London; 2000–2002 Unit Master Unit Inter 10, AA London; 2002–2008 Professor für Entwurf und Konstruktion sowie Studienleiter Master an der Hochschule Liechtenstein und seit 2008 Institutsleiter Institut für Architektur IAR und Leiter Studiengang Master an der Hochschule Luzern – Technik & Architektur. Seit 2017 Präsident Architekturrat der Schweiz; seit 2018 Mitglied Stadtbildkommission Uster.

JOHANNES KÄFERSTEIN

*1966, Dipl.-Architekt ETH BSA SIA. 1993–2009 Leitung der Architekturgalerie Luzern, 1999–2001 Expo 02, verantwortlicher Architekt für Yverdon-les-Bains, 1996–1999 Assistent an der ETH Lausanne, seit 1999 eigenes Architekturbüro in Luzern, 1998–2003 nebenamtlicher Dozent für Visuelles Gestalten und seit 2003 hauptamtlicher Dozent und Professor für Entwurf und Konstruktion an der Hochschule Luzern, 2005–2008 Konzeption des Bachelorstudiengangs. Herausgeber verschiedener Monografien mit der Edition Architekturgalerie und Birkhäuser Verlag.

LUCA DEON

*1972, Architekturstudium an der ETH Zürich 1993–2001. Ausbildung als Zimmermann 2002–2004. Autodidaktische Beschäftigung mit Skulptur. Mitarbeit bei Eric Owen Moss Architects in Los Angeles, Museum für Gestaltung und Museum Bellerive in Zürich. Selbstständige Arbeiten in den Bereichen Restauration, Möbel und Skulptur. Seit 2009 Dozent am Institut Architektur an der Hochschule Luzern im Bachelor und Master. Verantwortlich für Modellbau und Konstruktives Entwerfen.

YVES DUSSEILLER

*1963, Dipl.-Ing. Architektin RWTH SIA. 1991–2001 Projektleitung im Architekturbüro von Gerkan, Marg und Partner in Aachen, Leipzig und Hamburg. Seit 2001 freischaffende Architektin. Ab 2003 Professorin HSLU – Technik & Architektur im Bachelorstudiengang des Instituts für Architektur. Seit 2011 Forschungstätigkeit zu Wohnungsbau, Quartier- und Stadtentwicklung. Seit 2020 Partnerin im kollektivorort, Zürich (www.kollektivorort.ch). Wichtige Publikationen: *Das Vokabular des Zwischenraums – Gestaltungsmöglichkeiten von Rückzug und Interaktion in dichten Wohngebieten*, Zürich 2019.

ANGELIKA JUPPIEN

*1974 in Niederbayern bei Passau, Architekt ETH SIA BSA, studierte Architektur an der Universität Dresden sowie an der ETH Zürich. 2014 Umzug mit Atelier und Familie von Zürich nach Ennenda, Glarnerland. 2008 wissenschaftlicher Mitarbeiter in Forschung und Lehre am IKE der ZHAW Winterthur. Ab 2013 hauptamtlicher Dozent für Architektur und Tektonik im Bachelor Advanced der HSLU und seit 2019 Professor. 2020 Master Studio Fokus Material, ebenfalls an der HSLU.

LANDO ROSSMAIER

*1978, Dipl.-Architekt ETH SIA BDA. Seit 2009 eigenes Architekturbüro in Zürich. Assistent bei Andrea Deplazes 2011/12. Seit 2012 erst Gastdozent, dann Professor an der HSLU; hier verantwortlich für den 1. Jahreskurs Bachelor im Konstruktiven Entwerfen. 2019/20 Gastprofessor an der TU München. Auszeichnung: Swiss Art Award 2013 (Sparte: Architektur). Publikation *Venturing Permanence. The ETH House of Science in Bamiyan,* in Zusammenarbeit mit Ivica Brnic, Florian Graf und Christina Lenart, Zürich 2012.

WOLFGANG ROSSBAUER

*1979, Prof. Dipl.-Arch. ETH SIA AAT, Architektin in Zürich und Dar es Salaam (www.apc-tz.com). 2012–2015 Mitgründerin und Leiterin des Dar es Salaam Centre for Architectural Heritage (DARCH) in Tansania. 2014–2016 wissenschaftliche Mitarbeiterin an der Habitat Unit, Technische Universität Berlin. Herausgeberin und Autorin zahlreicher Fachpublikationen. Seit 2016 hauptamtliche Dozentin an der Hochschule Luzern mit Schwerpunkt Nachhaltiges Entwerfen.

ANNIKA SEIFERT

*1962, Dipl.-Architekt ETH BSA SIA. Studium an der ETH Zürich und der Harvard GSD. 1989–1991 Architekt bei Rafael Moneo und Manuel Solà Morales, Barcelona und Madrid. 1995–2009 Giraudi & Wettstein, seit 2010 studio we architekten, Lugano, mit Ludovica Molo. 1992–1996 Assistent an der ETH Zürich bei Flora Ruchat, 1993–1994 bei Giorgio Ciucci, 1997–2000 Lehrauftrag an der ETH Zürich. Seit 2013 Präsident Commissione del Paesaggio, Kanton Tessin. Seit 2015 Dozent an der HSLU–Technik & Architektur, Fokusverantwortlicher Struktur im Master Architektur.

FELIX WETTSTEIN

FINANZIELLE UND IDEELLE UNTERSTÜTZUNG
Ein besonderer Dank gilt den Institutionen, deren finanzielle
Unterstützungen wesentlich zum Entstehen dieser Buchreihe
beitragen. Ihr kulturelles Engagement ermöglicht ein fruchtbares
und freundschaftliches Zusammenwirken von Baukultur und
Bauwirtschaft.

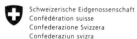 Schweizerische Eidgenossenschaft
Confédération suisse
Confederazione Svizzera
Confederaziun svizra

Eidgenössisches Departement des Innern EDI
Bundesamt für Kultur BAK

 Stiftung für Innovation und Technische Ausbildung

WEGE ZUM RAUM
Konstruktive Denkweisen in der Architekturausbildung
5. Band der Reihe Laboratorium
Herausgeber: Hochschule Luzern – Technik & Architektur;
Johannes Käferstein, Damaris Baumann
Konzept: Hochschule Luzern – Technik & Architektur; Quart Verlag
Projektleitung: Quart Verlag, Linus Wirz
Textbeiträge: Alberto Alessi, Peter Althaus, Heike Biechteler, Luca Deon,
Yves Dusseiller, Angelika Juppien, Wolfgang Rossbauer, Lando Rossmaier,
Annika Seifert, Felix Wettstein
Vorwort: Johannes Käferstein
Textlektorat: Dr. Eva Dewes, Saarbrücken
Bildredaktion: Dr. Eva Dewes, Saarbrücken
Illustrationen: Sarah Birchler (S. 1, 71–79), Gwenael Lewis (S. 88–98)
Redesign und Layout: Redesign: BKVK, Basel – Beat Keusch,
Vanessa Serrano
Lithos: Printeria, Luzern
Druck: Printer Trento S.R.L., Trento I

© Copyright 2020
Quart Verlag Luzern, Heinz Wirz
Alle Rechte vorbehalten
ISBN 978-3-03761-233-0

Quart Verlag GmbH
Denkmalstrasse 2, CH-6006 Luzern
books@quart.ch, www.quart.ch

LABORATORIUM

Laboratorium, ein Ort der Wissenschaft, an dem reflektiert, aber vor allem praktisch gearbeitet und experimentiert wird. Die Reihe dient damit nicht nur der Überprüfung, sondern auch der Darstellung von Ideen und Theorien, kurz – eine Forschungsstätte. Denn *laborare* umschreibt neben *arbeiten* auch *sich bemühen*, eine ergebnisoffene Tätigkeit, die dem Forschen nahekommt.

books@quart.ch, www.quart.ch